Caro lettore,

il libro che hai tra le mani non è come tutti gli altri. È stato infatti prodotto attraverso un sistema di *print on demand*. Ciò significa che la tua copia è stata confezionata appositamente per te, in seguito al tuo ordine. Non è una copia stampata tra mille altre e lasciata lì in attesa che qualcuno l'acquistasse; è *tua*. Ti chiediamo dunque scusa se per averla hai dovuto sopportare qualche piccolo disagio, se hai dovuto affrontare spese di spedizione o tempi di attesa più lunghi del previsto; in compenso, questo sistema di stampa e distribuzione ti ha permesso di poter acquistare un libro – il tuo libro – che altri editori, legati ai sistemi tradizionali, avrebbero considerato inutile ristampare. Noi, al contrario, così facendo ti offriamo la possibilità di leggerlo.

Nel salutarti ti ringraziamo di avere scelto le Edizioni Trabant e ci auguriamo di rivederti sulle pagine di un altro volume.

Buona lettura.

le Edizioni Trabant

# ARTICOLO25

9

Isbn 978-88-96576-69-4

Edizioni Trabant – Brindisi
Prima edizione: 2015
Seconda edizione: 2021
www.edizionitrabant.it
redazione@edizionitrabant.it

GIOVANNI GENTILE

# IL PENSIERO DI GIACOMO LEOPARDI

Edizioni
Trabant

NOTIZIE BIOGRAFICHE

1875

Giovanni Gentile nasce il 29 maggio 1875 a Castelvetrano, in provincia di Trapani. Il padre Giovanni gestisce una farmacia a Campobello di Mazara; la madre Teresa Curti è figlia di un notaio. Il giovane compie gli studi superiori in Sicilia, il ginnasio a Castelvetrano e il liceo a Trapani.

1893-1897

Si trasferisce a Pisa dopo aver vinto una borsa di studio alla Scuola Normale, dove frequenta la facoltà di Lettere e Filosofia.

1902-1914

Conseguita la laurea, si dedica all'insegnamento della filosofia, dapprima nelle scuole superiori (il liceo "Mario Pagano" di Campobasso e il liceo "Vittorio Emanuele" di Napoli), successivamente nelle università: insegna filosofia teoretica e storia della filosofia presso vari atenei (Napoli, Palermo, Pisa, Roma). A Pisa conosce Benedetto Croce, con cui intraprende un lungo rapporto epistolare; Croce in più occasioni lo difende nel corso di alcune polemiche con l'ambiente accademico.

## 1914-1918

Nel periodo della guerra iniziano i primi dissidi con Benedetto Croce. A parte alcuni disaccordi di natura filosofica, è la guerra a fare da primo spartiacque: Gentile, a differenza del suo più anziano collega, si schiera, dopo qualche dubbio, a favore dell'intervento, unendosi a chi considera la guerra il compimento del Risorgimento.

## 1922-1923

Nell'immediato dopoguerra, Gentile non manifesta posizioni favorevoli al nascente fascismo. Tuttavia, dopo la Marcia su Roma e la formazione del primo governo Mussolini, accetta la nomina a Ministro della Pubblica Istruzione e a Senatore del Regno, impegnandosi nel progetto, che caldeggiava da tempo, della riforma della scuola italiana. Ciò sfocia nel 1923 nella cosiddetta Riforma Gentile, una serie di decreti legislativi che riorganizzano completamente la struttura dell'istruzione nel nostro paese.

## 1924-1925

In seguito alle polemiche relative all'omicidio Matteotti, Gentile si dimette da ministro. Tuttavia, non viene meno la sua adesione al fascismo, in cui intravede la possibilità di una rigenerazione nazionale. Nel 1925 pubblica il Manifesto degli Intellettuali Fascisti: l'evento sancisce la definitiva rottura con Benedetto Croce, promotore in risposta del Manifesto degli Intellettuali Antifascisti.

## 1925-1943

Mentre il regime sviluppa la sua organizzazione totalitaria, Gentile aumenta via via il suo impegno nella cultura italiana, diventando uno degli intellettuali più in vista del ventennio. Ricopre diversi incarichi istituzionali: direttore scientifico dell'Enciclopedia Italiana dell'Istituto Treccani (1925-1938), direttore della Scuola Normale di Pisa (dal 1932), direttore della Nuova Antologia. In alcuni casi non condivide le posizioni del regime: non approva i Patti Lateranensi del 1929, contrari alla sua visione laica dello Stato, e dissente dalle Leggi Razziali del 1938 (è ancora oggi oggetto di dibattito se sia stato tra i firmatari del Manifesto della Razza). Nessuno di questi contrasti lo portano però a rinnegare il suo appoggio al fascismo.

## 1943-1944

Dopo una iniziale titubanza, aderisce alla Repubblica Sociale di Mussolini, pur rifiutando incarichi di governo, ma soltanto di natura accademica. Additato dalla Resistenza come uno dei principali responsabili morali del fascismo, e del presunto appoggio dato alcune azioni di rastrellamento nei confronti dei partigiani, inizia a ricevere minacce di morte, ma rifiuta la scorta. Il 15 aprile 1944 un commando dei GAP lo uccide davanti alla sua villa a Firenze. Il Comitato di Liberazione Nazionale prende le distanze dall'omicidio, il solo Partito Comunista approva e rivendica il gesto. Tre giorni più tardi è sepolto nella basilica di Santa Croce.

# IL PENSIERO DI GIACOMO LEOPARDI

# I

# STUDI LEOPARDIANI

Il primo di questi scritti uscì nella *Rassegna bibliografica della letteratura italiana* di A. D'Ancona, XV (1907). Il secondo nella *Critica*, IX (1911), 142-51 e 467-80. Il terzo nella stessa *Critica*, XV (1917), 384-88. Tutti e tre furono riprodotti nei *Frammenti di Estetica e Letteratura*, Lanciano, Carabba, 1921, pp. 299-346.

# I. LA FILOSOFIA DEL LEOPARDI

Si ha alle stampe un'*Esposizione del sistema filosofico di Giacomo Leopardi*.[1] È una dissertazione di laurea, e reca infatti l'impronta comune a tutti i lavori giovanili. L'inesperienza apparisce nello stesso titolo del libro, un po' troppo prosaico, e incongruo col contenuto del libro, che non vuol essere propriamente un'esposizione fatta dall'autore del sistema filosofico del Leopardi; ma appunto questo sistema, portato innanzi al lettore con le stesse parole del Leopardi; non volendo l'autore da parte sua aggiungervi se non prefazione, note ed epilogo. Metodo anche questo alquanto ingenuo e da scrittore che non vede ancora la necessità, chi voglia rappresentare nella sua unità logica e nell'organismo delle sue parti il pensiero d'un filosofo, d'appropriarsi questo pensiero, entrarvi dentro, mettendosi allo stesso punto di vista del filosofo, e quindi in grado di rielaborare il suo pensiero, chiarendolo con le attinenze storiche a cui è legato, e con le dilucidazioni intrinseche di cui logicamente è suscettibile, salvo a mostrarne, ove occorra, la inconsistenza: in modo che l'esposizione riesca una vita nuova del sistema filosofico nella mente dell'espositore. Lavoro difficile, certo, e che non riesce felicemente se non agli scrittori pro-

---

[1] PASQUALE GATTI, *Esposizione del sistema filosofico di Giacomo Leopardi*, saggio sullo *Zibaldone*, Firenze, Le Monnier, 1906, 2° voll.

vetti; ma che nessuno ordinariamente crede di potere schivare, se non limiti il proprio ufficio a quello di semplice editore; e tutti ne escono alla meglio, esponendo i vari sistemi come ciascuno li ha intesi.

L'autore di questo libro, invece, ha voluto mettere insieme i passi dello *Zibaldone* leopardiano, mostrando come fil filo un pensiero si svolgesse dall'altro; e dove la connessione non appariva evidente nelle parole del testo, ha supplito di suo i legamenti opportuni, ma continuando a parlare, in prima persona, a nome del Leopardi: proprio come se questi avesse riordinata e organizzata quella copiosa congerie di riflessioni già via via segnate sulla carta a schiarimento del proprio pensiero e a sfogo della sua malinconia. Né ha lontanamente sospettato il rischio, e stavo per dire la responsabilità, a cui andava incontro, facendo parlare per la sua bocca lui, il Leopardi. Ha creduto che nello *Zibaldone* stesse, pezzo per pezzo, tutto un sistema; e non ha saputo resistere al seducente disegno d'innalzare, con la semplice composizione degli stessi materiali leopardiani, la statua del filosofo sul piedestallo finora vuoto. Laddove è chiaro che, se anche nei pensieri inediti del Leopardi fosse implicito un sistema perfetto di filosofia, la via di ritrovarvelo e dimostrarvelo non poteva essere questa scelta dall'autore.

Ma veniamo all'argomento. L'autore, come già altri, ha creduto che, se le opere edite ci avevan dato il Leopardi poeta, questi inediti *Pensieri di varia filosofia e di bella letteratura* venuti ultimamente in luce, ci scoprissero il Leopardi filosofo. Questa era anche la tesi dello Zumbini nel suo studio *Attraverso lo Zibaldone*, da cui il nuovo studioso manifestamente prende le mosse, distinguendo due fasi principali della filosofia pessimistica del Leopardi: nella prima delle quali il dolore sarebbe conseguenza della civiltà; nella seconda, della stessa natura; donde prima una concezione *storica* del pessimismo, e poi una concezione *cosmica*. Ma lo Zumbini non insisteva sul valore sistematico di questa filosofia leopardiana; e, d'altra parte, nel secondo volume dei suoi *Studi sul Leopardi*, esaminando le *Operette morali*, veniva in realtà a mostrare come tutto il succo di quelle riflessioni dello *Zibaldone*, le conclusioni di quel lungo soliloquio che dal 1817 il Leopardi aveva fatto seco stesso per iscritto, fossero appunto condensate nelle *Operette*. Il Gatti, invece, ha esagerato fuor di misura la tesi dello Zumbini, cominciando col cancellare quelle differenze cronologiche, che lo Zumbini aveva badato bene a mantenere tra i vari *Pensieri* (datati, com'è noto, dal Leopardi): cancellarle a disegno, per poter adoperare i singoli pensieri liberamente come parti integranti d'un sistema logico. Ora, lo *Zibaldone* comprende centinaia e centinaia di pensieri annotati come si formavano giorno per giorno nella mente del Leopardi attraverso ben quindici anni (1817-32): periodo lungo per ogni vita, lunghissimo per quella del Leopardi, che in 39 anni forse non visse meno che il Manzoni in 78. Esso è anzi il diario degli anni in cui si svolse la vita morale del poeta, e offre perciò, com'è stato notato, un riscontro a tutti i sentimenti, a tutti i pensieri già noti dai canti e dalle prose da lui stesso pubblicate. Ed è chiaro che, se in questi sette volumi abbiamo, per dir così, i segreti documenti di tutto il lavorìo intimo di quello spirito, non potremo apprezzarli nel loro giusto valore, se prescindiamo dalle loro rispettive date; perché a chi scrive ogni giorno le proprie riflessioni, la verità è quasi la verità di quel giorno: e quel lavoro di sistemazione e organizzazione, per cui di tutti i pensieri slegati si possa fare un tutto coerente, manca.

Il Gatti protesta che non va imputato a sua «poca accortezza qualche *salto anacronico*, a dir così, facile a rilevarsi, che qua e là avvicinerà pensieri cronologicamente molto lontani fra loro». E la sua ragione sarebbe questa: «Tali salti, mentre da un lato ci forniscono ancora una prova evidentissima e incontrastabile della profonda ripugnanza.... provata dal Leopardi per una concezione cosmica del dolore, rivelano nettamente, d'altronde, il proposito nell'Autore di rifare spesso a ritroso coll'immaginazione la via già percorsa dal pen-

siero allo scopo di viemmeglio assicurarsi che non battesse falsa strada, e così riprendere, sempre più sicuro di sé, il cammino, allorché
quella linea immaginaria d'orientamento non gli avrà mostrata altra
via da battere per giungere alla mèta prefissa» (I, 70). Cioè, se ho
capito bene: a dilucidazione di pensieri anteriori il Gatti stima di
poter addurre pensieri di un tempo più avanzato, anche quando
occorra ammettere avvenuto nell'intervallo un cambiamento sostan-
ziale di pensiero, perché il Leopardi rifà talvolta con l'immaginazione la via già percorsa col pensiero, e già superata. Ci sarebbero certi
«pensieri di ritorno», o «ritorni immaginari», per cui, secondo il
Gatti, non bisogna credere che il Leopardi contraddica al suo pensiero posteriormente acquisito, anzi lo lasci intatto, ma, per certa
ripugnanza sentimentale alle più accoranti verità, per un bisogno del
cuore di certi temperamenti, torni per un momento agli *ameni inganni*, o alla mezza filosofia d'una volta. Ma per *immaginario* che sia, un
ritorno siffatto nella mente del Leopardi, se noi crediamo di poter fis-
sare questa nella coerenza di certi pensieri definitivi, è evidente che
non può essere altro che una contraddizione. Di che, qua e là, il Gatti
è costretto, quasi suo malgrado, ad accorgersi, e a cercarvi una sanatoria. Sanatoria inutile, se egli avesse rinunziato a pretendere dal
Leopardi, nelle sue stesse intime confessioni, quell'unità sistematica
che non era nella natura di tali confessioni.

E non era neppure nella natura dello spirito del Leopardi, che fu un
poeta, un grande, un divino poeta, ma non fu un vero e proprio filosofo. Che fa che egli abbia tante volte protestato di possedere una sua
filosofia? Allo stesso modo del Leopardi, più o meno, chiunque si
ritiene in grado di giudicare dei sistemi dei filosofi, ossia di mettersi,
non dico alla pari, ma al di sopra di costoro, e insomma di affermar-
re una filosofia propria che possa aver ragione di quei sistemi. E dal
proprio punto di vista chiunque, così facendo, ha ragione; e aveva
ragione il Leopardi; perché in fondo a ogni mente umana, sopra tutto

in fondo a quella dei grandi poeti, è incontestabile l'esistenza di una filosofia: e però è lecito parlare così di una filosofia del Leopardi, come di una filosofia del Manzoni, dell'Ariosto, di Shakespeare, di Omero. Ma questa filosofia dei poeti non è la filosofia dei filosofi, e bisogna trattarla, per non snaturarla e non distruggerla, con molta delicatezza.

Una delle differenze più notabili tra la filosofia dei poeti e quella dei filosofi è che il poeta può averne una, se è capace di averla, in ogni singola poesia; laddove il filosofo che dice e disdice, e muta sempre la sua dottrina, non ha nessuna dottrina. Il Leopardi è in pieno diritto, come poeta, di affrontare il problema del dolore, sempre da capo, con nuovo animo, con considerazioni nuove, da un nuovo aspetto, ora maledicendo alla virtù, ora inneggiando all'amore onde l'umana compagnia deve stringersi contro il fato. Ogni poesia, ogni prosa del Leopardi è infatti una situazione d'animo nuova; quindi una nuova vista dello stesso dolore che domina l'anima del poeta: un nuovo concetto, una filosofia nuova, che solo trascurando le differenze essenziali, che in una poesia e in una prosa del genere di quelle del Leopardi son tutto, si può rappresentare come sempre identica.

Egli è che il poeta, checché si proponga e dica di aver fatto, non espone propriamente una filosofia: ma esprime soltanto un suo stato d'animo, occupato, determinato e quasi colorito da certi pensieri dominanti. Abbozza in se medesimo (e quindi in un diario intimo) una filosofia provvisoriamente sufficiente ad appagare i bisogni della propria ragione (che non sono poi grandi in uno spirito prevalentemente poetico); e questa filosofia, in quanto profondamente sentita, in quanto vita della propria anima, diventa materia di poesia. Di poesia anche in prosa: perché, in sostanza la prosa leopardiana è anch'essa poesia, cioè espressione piena di certi stati d'animo del Poeta, diversi da quelli manifestati nei *Canti* per lo sforzo che nella prosa come nei *Paralipomeni* il Leopardi fa di costringere il sentimento spontaneo dentro l'intenzione ironica, satirica, che gli fece appunto preferire la prosa al verso. Ma in realtà nelle *Operette* come nei *Canti* c'è il Leopardi con la sua filosofia tetra e col suo candore, col suo disprezzo degli uomini e col suo grande amore per essi; con tutte quelle contraddizioni, che altri ha studiosamente cercate in lui, e che sono il vero segno caratteristico del suo spirito poetico e non filosofico. La filosofia vera e propria non deve aver niente dell'anima individuale di chi la costruisce. Essa è una liberazione assoluta compiuta dal filosofo dai limiti della soggettività: è una contemplazione, diciamo così, d'una verità eterna, in cui il filosofo, come persona particolare, si dimentica di se stesso, e dei suoi dolori, e di tutte le tendenze affettive dell'animo suo. La filosofia di Spinoza, la cui vita e il cui animo han parecchi punti di somiglianza con quelli del Leopardi,[2] non presenta nessuna traccia, non offre nessuno indizio di sentimenti personali. È veramente una visione del mondo *sub specie aeternitatis*, come egli diceva, in cui la personalità del filosofo scompare. La filosofia dei poeti, si potrebbe dire, scompare nell'animo dei poeti stessi; l'animo dei filosofi, invece, scompare nella loro filosofia. Onde una volta noi abbiamo innanzi una persona determinata, viva in tutto l'agitarsi dell'animo suo; un'altra volta, un sistema di concetti, in sé.

Certo, tra le due filosofie non c'è un taglio netto, che divida i filosofi dai poeti; ma il pessimismo leopardiano è, come è stato tante volte osservato, così impregnato di elementi ottimistici, così logicamente frammentario e contradittorio, e d'altra parte così poeticamente coerente e vivo, che lo scambio non è possibile. Noi possiamo studiare, dunque, la sua filosofia, ma come vita del suo spirito, materia della sua poesia. Studio, ripeto, molto delicato; perché in esso non bisogna mai lasciarsi sfuggire che la realtà vera, a cui bisogna aver

---

[2] Cfr. F. TOCCO, *Biografia di B. Spinoza*, nella *Rivista d'Italia*, a. II (1899), vol. I, pp. 262-63.

l'occhio, non è questa filosofia in se medesima, astratta materia della poesia, ma la poesia appunto, in cui quella filosofia è per acquistare la vita che uno spirito poetico è capace di comunicarle. La filosofia quindi va studiata per intendere la poesia, e valutata in quanto poesia, per quella vita poetica che riuscì a vivere nello spirito del Poeta. La pubblicazione dello *Zibaldone* ha fortemente contribuito a fare smarrire questo criterio. Ci s'è trovata innanzi la materia *grezza*, della poesia leopardiana, quella tal filosofia, che il Leopardi rimuginava dentro se stesso, e che, per quanto confidata a uno *Zibaldone*, non aveva pregato nessuno di mettere in pubblico: quella filosofia, che egli destinava a far materia di espressione più perfetta, cioè di opera poetica; e che infatti divenne in parte materia di canti e di dialoghi (com'è stato osservato, ma merita di essere particolarmente studiato). E dimenticando che pel Leopardi tutti questi materiali non avevano valore per sé, ma l'avrebbero acquistato soltanto quando egli li avrebbe trasformati, qualcuno s'è detto: o eccoci finalmente innanzi la filosofia del Leopardi! — No, questi sono i detriti della sua poesia: tutto ciò che la sua forza poetica non avvivò, non trasfigurò, o rinnovò interamente, avvivandolo e trasfigurandolo nel suo canto e nella sua satira.

E produce davvero una strana impressione il procedimento seguito dal dott. Gatti, che riferisce nel testo certe informi osservazioni dello *Zibaldone*, e a sussidio di esse, in nota, luoghi delle *Operette* o versi dei *Canti*, in cui gli stessi pensieri assursero a forma artistica. Il perfetto fatto servire all'imperfetto; la poesia ridotta a documento d'un suo documento!

Ecco un esempio di filosofia documentata con poesia. In un pensiero del 10 luglio 1823 [3] il Leopardi s'era domandato: — Che vale

---

[3] *Zibald.*, V, 88-89.

per noi questa «miracolosa e stupenda opera della natura, e l'immensa egualmente che artificiosa macchina e mole dei mondi?». A che serve, dunque, questo[4] «infinito e misterioso spettacolo dell'esistenza e della vita delle cose», se «né l'esistenza e vita nostra, né quella degli altri esseri giova veramente nulla a noi, non valendoci punto ad *esser felici*? ed essendo per noi l'esistenza, così nostra come universale, scompagnata dalla felicità, ch'è la perfezione e il fine dell'esistenza, anzi l'unica utilità che l'esistenza rechi a quello ch'esiste?» — Qui, in verità c'è tutta la filosofia del Leopardi. Ma che significano queste sue interrogazioni? Esse non possono aver altro significato che questo, che, non sapendo concepire il fine dell'esistenza umana e mondiale se non come felicità, e non vedendo, d'altronde, che tal fine sia o possa mai esser raggiunto, egli, Giacomo Leopardi, finisce col non sapersi più spiegare quale possa essere il fine di quest'universo, che pur nella sua artificiosa costruzione e nella sua vasta armonia farebbe pensare a un'intima finalità. Qui non è affermata una verità obbiettiva; è bensì manifestata la situazione personale del poeta: situazione, che sarà perfettamente espressa quando il Leopardi ci dirà tutta la risonanza che questo suo ondeggiare tra il concetto di una finalità eudemonistica universale e il dubbio sulla validità di tal concetto ha nell'animo suo; quando da questo suo perpetuo ondeggiare (che non è filosofia, ma atteggiamento filosofico, o filosofia soltanto iniziale e potenziale), egli sarà ispirato al *Canto notturno di un pastore errante dell'Asia* (1829-30), che il Gatti reca a confronto e conforto di quelle note dello *Zibaldone*. Nel *Canto notturno* il Leopardi dice con l'energia della fantasia commossa quello che nelle note fugaci del diario era sommariamente accennato, quasi appunto o traccia del canto.

---

[4] Queste giunture frapposte alle parole del Leopardi sono del Gatti, che riassume e in questo caso mi pare modifichi leggermente il senso del testo.

> E quando miro in cielo arder le stelle,
> Dico fra me pensando:
> A che tante facelle?
> Che fa l'aria infinita, e quel profondo
> Infinito seren? che vuol dir questa
> Solitudine immensa? ed io che sono?
> Così meco ragiono: e della stanza
> Smisurata e superba,
> E dell'innumerabile famiglia;
> Poi di tanto adoprar, di tanti moti
> D'ogni celeste, ogni terrena cosa,
> Girando senza posa,
> Per tornar sempre là donde son mosse;
> Uso alcuno, alcun frutto
> Indovinar non so.

Qui veramente c'è l'anima tormentata dal dubbio che non ci sia un fine nel mondo; e non è il dubbio astratto di un filosofo, ma il dubbio che irrompe nell'anima di un poeta, che mira in cielo *arder* le stelle, quasi tante faci accese a illuminare il mondo; e sente l'infinità dell'aria, il sereno profondo infinito (elementi di grande commozione, com'è noto, per il Leopardi), e l'immensità della solitudine attorno alla propria persona non dimenticata (*ed io che sono?*) né dimenticabile perché palpitante; ecc. Qui c'è, non più il germe d'una filosofia, ma l'uomo Leopardi, intero, con l'ansia e il terrore che gli desta lo spettacolo dell'infinito misterioso, muto al dolore di lui che vi si sente dentro smarrito. C'è anche, innegabilmente, un dubbio filosofico: semplice dubbio («qualche bene o contento avrà *fors'*altri.... *Forse* s'avess'io l'ale.... più felice sarei, o *forse* erra dal vero il mio pensiero, *Forse* in qual forma.... è funesto a chi nasce il dì natale); ma come elemento o momento della lirica grande.

La pubblicazione dello *Zibaldone*, badiamo bene, è stata, in fondo, una certa quale indelicatezza, che nessun onesto avrebbe giustificato, vivo il Leopardi, e che non si permise infatti il Ranieri, intimo del Poeta e conscio delle sue intenzioni e del valore da lui attribuito al proprio diario. Ognuno che scriva e stampi, pubblica soltanto quello che gli par compiuto secondo il fine a cui, più o meno consapevolmente, mira scrivendo. Un poeta non licenzia al pubblico le tracce e gli abbozzi delle sue poesie. Anzi, questi antecedenti naturali del suo prodotto artistico, ha un certo schivo pudore di mostrarli al pubblico: sono il suo segreto. Sono infatti cosa sua personale; laddove quello che egli crede arte, gli par bene appartenga, o possa appartenere, a tutti gli spiriti. Certo, l'interesse storico, il legittimo e nobile desiderio d'intendere le opere del genio, mediante la conoscenza più larga che sia possibile della sua anima, bastano a giustificare la pubblicazione di siffatti abbozzi, come degli epistolari intimi, che svelano, senza riguardi, i più gelosi segreti delle persone, le quali a un certo punto si finisce col credere che appartengano agli altri più che a se stesse. Ma questa giustificazione non deve farci dimenticare che gli abbozzi del poeta, sono abbozzi delle sue poesie, come gli appunti provvisori del filosofo sono antecedenti spesso superati e rifiutati della sua filosofia. Ad ogni modo non si dovrà mai pretendere d'attribuire ad essi altro valore che di sussidio a intendere quelle opere, che rappresentano la conclusione definitiva del poeta e del filosofo.

Tutto questo, si potrebbe osservare, sarà un bel discorso; ma è troppo generale ed astratto. Bisogna vedere al fatto, se il Leopardi, dopo gli studi del dott. Gatti, ci apparisca nello *Zibaldone* un vero filosofo. Potrei rispondere con un altro discorso astratto, sostenendo che è ben difficile che uno stesso genio possa essere insieme poeta e filosofo: richiedendosi alla poesia un'attività, che la filosofia necessariamente combatte e mortifica. Ma penso a Dante: unico, secondo me, e se non sempre, quasi costantemente mirabilissimo esempio dell'energia,

onde è capace lo spirito umano, di individualizzare e stringere nella
fantasia e nel sentimento di un'anima singolarmente potente il sistema più intellettualisticamente universale ed astratto che la storia della
filosofia ci presenti: penso a quella fusione e unità quasi sempre perfetta d'un sistema miracolosamente vario e armonico di fantasmi che
son pure astratti concetti: unità, che non si finisce e non si finirà mai
di studiare nella *Divina Commedia*.[5] E preferisco perciò una risposta
particolare e concreta, che è questa. Tutto il mio discorso generale io
l'ho fatto appunto a proposito del Leopardi, dopo aver letto attenta-
mente il saggio del Gatti. Libro, che non è certo inutile, perché molti
schiarimenti particolari a concetti del Leopardi da uno studio così
attento e minuzioso dei *Pensieri* si hanno; e molti istruttivi raffronti,
oltre quelli già fatti dal Losacco e dal Giani, vi sono opportunamen-
te istituiti tra pensieri del Leopardi e luoghi di Helvétius, di
Rousseau, di Maupertuis e degli altri autori del Poeta: ma insufficiente a dimostrarci la tesi che il Gatti s'era proposta, che nella mente del
Leopardi si fosse organizzato un sistema filosofico; atto anzi a dimostrare il contrario, per lo stesso esame accurato che ci dà dei *Pensieri*
leopardiani con l'intento di cavarne un sistema. Il sistema non c'è.
C'è la travagliosa meditazione sui fantasmi del Poeta; ci sono le acco-
rate riflessioni, che gli suggerirono quei problemi che furono il tormento e la musa perpetua del suo spirito: ma non più di questo. Il
Leopardi lo ritroveremo sempre nel disperato lamento de' suoi canti
e nel sorriso amarissimo e pur soave delle prose.
    Il materialismo della sua metafisica, il sensismo della sua gnoseolo-
gia, lo scetticismo finale della sua epistemologia, l'eudemonismo pessimistico della sua etica sono nei pensieri inediti, come in tutti gli altri

---

[5] Alla quale per questo rispetto non credo si possa paragonare, ma a distanza grandissima,
altro che il *Faust*: dove l'unità dell'opera, come arte e come filosofia, rimase lungi dall'esser raggiunta.

scritti già noti, i motivi costanti del breve filosofare leopardiano: ma sono spunti filosofici, anzi che principii d'un pensiero sistematico; sono credenze d'uno spirito addolorato, anzi che veri teoremi di un organismo speculativo. Le sue pretese dimostrazioni non vanno mai al di là dell'osservazione empirica; e non servono ad altro che a dirci come vedeva le cose Giacomo Leopardi.

In lui non trovi né anche una critica della ragione, come in Montaigne o in Pascal, a cui per molti riguardi somiglia. Ma un prendere di qua e di là proposizioni contestabili, e accettarle come verità assiomatiche e principii di deduzioni pessimistiche. Passione vera per la speculazione il Leopardi non ebbe mai. Non studiò nessun grande sistema filosofico: egli, conoscitore e studioso dei classici, non si sforzò mai d'intendere il pensiero di Platone e di Aristotele. La sua storia della filosofia antica è tratta da Diogene Laerzio, da Plutarco o altri dossografi. Del Medio Evo non studiò nessuna filosofia. Di Cartesio, di Spinoza, di Hume non conobbe neppur nulla. Lesse Locke, ma come si leggeva nel secolo XVIII. Di Leibniz sorrise come Voltaire, non sospettando in alcun modo la profondità del suo pensiero. Ebbe una vernice di cultura filosofica, come l'avevano allora tutti i letterati; ed ebbe velleità di filosofo; ma la sua vera indole, quella che noi dobbiamo guardare in lui, è l'indole poetica, convinti che fuori della sua poesia il suo pensiero, a considerarlo nel valore filosofico, è molto mediocre.

Non entrerò nei particolari della esposizione del Gatti. Ma non voglio tacere che quella *filosofia pratica* edificatrice, che egli, con lo Zumbini, giustamente mette in rilievo di contro alle conseguenze negative della sua filosofia teoretica, non ha niente che vedere coll'odierna filosofia prammatistica, a cui egli studiosamente la raccosta, per dimostrare così la modernità del pensiero leopardiano. Quella filosofia *pratica* è il retaggio dello scetticismo da Pirrone in poi: il quale ha contrapposto sempre la vita alla scienza, e salvata almeno quella dal naufragio di questa. Salvataggio operato ora con la natura, ora col sentimento, ora con la volontà, e in generale con un principio irrazionale, o concepito come tale, che, appunto perciò, non contraddice allo scetticismo fondamentale. Il Leopardi ricorre all'*immaginazione* e a un certo qual *senso dell'animo*, che fan contrappeso agli argomenti dolorosi della ragione e bastano a confortarci a vivere. Né anche questo principio, del resto, è sviluppato. Certo, esso non giova a chi presuma di vedere nel Recanatese un precursore del James e degli altri prammatisti d'oggi, i quali non sono scettici, benché in realtà abbiano una dottrina negativa del conoscere; non vedono nell'attività pratica un surrogato dell'attività teoretica: ma unificano le due attività, e immedesimano la verità con l'utile, in modo che quel che giova credere, sia esso stesso il vero; laddove quel che gioverebbe credere, secondo Leopardi, sarebbe né più né meno che un'illusione. La differenza tra Leopardi e James è la differenza profonda tra lo scetticismo di tutti i tempi e il nuovo prammatismo, che si professa dottrina essenzialmente dommatica e positiva.

## II. UNA STORIA DEL PENSIERO LEOPARDIANO

Gli studi del Gatti furono ripresi cinque anni dopo (1911) da Giulio A. Levi,[6] uno degl'ingegni più fini tra gli studiosi di letteratura italiana, e dei più valenti e competenti interpreti del pensiero leopardiano; ma con altro criterio e altro intendimento. E io son lieto di leggere al principio del suo libro le seguenti parole: «Fu tentato da Pasquale Gatti, e parzialmente dal Cantella, di ordinare e comporre

---

[6] *Storia del pensiero di G. L.*, Torino, Bocca, 1911.

in un sistema filosofico i pensieri dello *Zibaldone* leopardiano: con esito che non poteva essere altro che infelice; quando si pensi che sono riflessioni scritte giorno per giorno, senza disegno prestabilito, per lo spazio di circa quindici anni, da quando prima il poeta adolescente cominciò a voler pensare col suo cervello, fino alla sua piena maturità». Che fu uno degli argomenti principali che a suo tempo io opposi al tentativo del Gatti. E sono interamente d'accordo col Levi che lo *Zibaldone*, con gli ondeggiamenti e gli sforzi speculativi di cui ci conserva i documenti, può esser materia alla storia (anzi, alla preistoria) del pensiero del poeta, la cui forma definitiva va piuttosto cercata nei prodotti più maturi, dove parve all'autore d'avere impressa l'orma definitiva del suo spirito, nei *Canti* e nelle *Operette*. Questa è, in sostanza, l'idea centrale del saggio del Levi, e conferma pienamente il mio giudizio sul valore e sull'interesse dello *Zibaldone*.

Questa idea bensì nel libro del Levi non apparisce netta e ferma quanto si potrebbe desiderare, costretta com'è dall'autore ad andare in compagnia di certi principii direttivi, che oscurano, a mio avviso, la visione esatta di taluni momenti dello sviluppo del pensiero leopardiano e turbano il giudizio sulla sua forma ultima. Così, quando comincia a notare che io ho ecceduto «negando a priori allo *Zibaldone* ogni interesse speculativo, per la qualità stessa dell'autore; il quale sarebbe bensì un osservatore acuto, ma troppo essenzialmente poeta, dominato interamente dal sentimento, e perciò di pensiero incoerente, mutevole e spesso contradittorio», egli, da una parte, esagera e altera il mio giudizio sullo *Zibaldone* e, in generale, su tutta l'opera del Leopardi; e dall'altra, accenna a un concetto (che non manca subito dopo di dichiarare esplicitamente), il quale non gli può consentire una ricostruzione storica non arbitrariamente soggettiva, ma razionalmente giustificabile del pensiero leopardiano.

In primo luogo, non è esatto che io abbia negato o voglia negare ogni interesse speculativo allo *Zibaldone* e tanto meno alle poesie e alle *Operette morali*: anzi sono disposto a riconoscere che tutta la poesia del Leopardi non abbia altro contenuto, in tutte le sue forme e in tutti i suoi gradi, che il problema speculativo, nei termini, s'intende, in cui egli poteva e doveva porlo. Quel che ho negato e nego è: 1) che nello *Zibaldone* ci sia del pensiero del Leopardi qualche cosa di più che non fosse negli scritti da lui pubblicati; qualche cosa che, dal punto di vista del Leopardi, fosse già pervenuto a quel punto di maturità spirituale, di verità, in cui il Leopardi s'acquetò, a giudicare dalle opere con cui egli stesso volle entrare nella nostra letteratura; qualche cosa che possa nello *Zibaldone* farci vedere nulla di diverso (*si parva licet componere magnis*) da quelle note, onde ognuno di noi si prepara ai suoi lavori, e che, compiuti questi, quando ci pare d'averne spremuto bene tutto il succo, si buttano al fuoco; e tanto più volentieri, quando dalle note alla stesura dei nostri scritti le idee nostre si siano venute correggendo e integrando in più logica compattezza;[7] 2) che si possa adeguatamente valutare la grandezza del Leopardi, facendogli il conto del tanto di verità speculativa che è nella sua poesia: poiché, a prescindere da ogni dottrina sulla natura della poesia, basta considerare le critiche profonde e ineluttabili, onde quella verità fu superata da uno spirito, che ebbe inizialmente una profonda simpatia congeniale col Leopardi, il Gioberti (specialmente nella *Teorica del sovrannaturale*, nel *Gesuita* e nella *Protologia*), in pagine che il Levi

---

[7] A p. VIII il Levi scrive: «Fu detto che la pubblicazione del Diario sia stata un'indelicatezza, quando il Leopardi medesimo di questa pubblicazione non aveva pregato nessuno. Oh sì, sarebbe un'indelicatezza esporre quelle cose agli occhi bene aperti d'un pubblico di pedanti, i quali spiegherebbero con trionfo gli errori del grand'uomo che si viene formando. Ma chi ha già imparato ad amarlo e a venerarlo, può accostarsi senza scrupoli a tutte quante le sue reliquie...». Se il Levi con le prime parole si riferisce a quel che scrissi io nella Rass. *bibl. lett, it.*, XV (1907), p. 179 [ora qui sopra p. 40] mi rincresce di dovergli rispondere che egli non ha inteso lo spirito della mia affermazione. La quale mirava soltanto a chiarire che dello *Zibaldone* non ci si può servire se non come di documento della formazione del pensiero del Leopardi, la cui forma ultima dobbiamo per altro cercare sempre nelle opere che da quegli abbozzi trasse l'autore, e pubblicò egli stesso come sole degne di sé.

non anteporrebbe di certo né pur a quelle dello *Zibaldone*.
È vero che «nei sistemi filosofici le parti più caduche sono spesso
quelle dovute alle esigenze di sistema». Ma ciò non dimostra che la
filosofia non è sistema, anzi dimostra che è: perché gli errori di questo genere non si scoprono dal critico se non come errori della costruzione del sistema, ossia come divergenze dalla costruzione che, secondo lui, sarebbe più conforme alle verità fondamentali intuite dal filosofo. E se il critico non rifacesse per suo conto la costruzione del sistema, non avrebbe modo di discernere nel sistema criticato il vero dal
falso, nato dunque non dal sistema, ma dal falso sistema. Giacché un
giudizio che affermasse immediatamente: questo è vero, e questo è
falso, senza dimostrazione di sorta, non credo che pel Levi sarebbe un
giudizio per davvero. È vero, d'altra parte, che la coerenza del pensiero non è privilegio dei filosofi, di contro ai poeti; se per filosofi s'intende i filosofi storicamente esistenti, Socrate, Platone, Aristotele
ecc., e per poeti quelli che sono realmente vissuti o vivranno, Omero,
Dante, Shakespeare, ecc. Per tutti costoro, non c'è dubbio, secondo
me, *Iliacos intra muros peccatur et extra*. D'incoerenze, di maglie rotte
nel sistema, ce n'è state, e ce ne sarà sempre, da una parte e dall'altra.
Ma noi non possiamo parlare di Omero poeta e di Platone filosofo
senza un concetto del poeta e del filosofo, e cioè della poesia e della
filosofia: le quali, come funzioni dello spirito, trascendono la storia,
che è la concretezza stessa della realtà spirituale. E soltanto alla poesia e alla filosofia come funzioni trascendentali dello spirito si possono assegnare caratteri distinti, dei quali quello che è della poesia in
quanto tale non sarà della filosofia, e per converso.
Nella storia tutte le funzioni concorrono in un'unità concreta, in
cui il poeta, essendo anche filosofo, partecipa del carattere dello spirito che è filosofia; e il filosofo, essendo pure poeta, partecipa del
carattere dello spirito che è poesia, sempre. E la rigida e salda distinzione delle funzioni astratte cede il luogo alla plastica e mobile di-

stinzione della storia, che fa essa stessa la divisione dei grandi spiriti nelle due schiere dei poeti e dei filosofi, secondo che negli uni prevale il momento poetico e negli altri il momento filosofico: onde la distinzione e però la categorizzazione del giudizio critico sono poi, ogni volta, funzioni di giudizio storico, concreto. Perché il Leopardi va considerato come poeta, e non come filosofo? Perché, se conosco il Leopardi storico, quale si formò e quale si espresse nel suo canto, io ci vedo bensì dentro una filosofia; ma questa filosofia la vedo chiusa, compressa, fusa e assorbita nella intuizione immediata che questo spirito ha della sua personalità materiata di cosiffatta filosofia; per cui dico che egli non rappresenta una filosofia, ma la sua anima; e poiché il suo occhio è tutto intento alla risonanza tutta soggettiva, in cui vive per lui un certo, oscuro, vago e frammentario concetto del mondo, la verità è per lui, e dev'essere per me che lo giudico, non in questo concetto, ma nella vita di esso, in quella tale risonanza, nella sua lirica. Beninteso che, per quanto oscuro, vago e frammentario, quel concetto sarà pure un concetto, che avrà una chiarezza e saldezza organica sufficiente alla logicità dello spirito lirico, e quindi per lui assoluta. E non ci sono principii astratti ed estrastorici che possano segnare a priori i limiti della filosoficità del concetto che vive nella lirica del poeta. Ma ciò non toglie che la distinzione non perda mai la sua ragion d'essere, e che non si possa mai trascurare, volendo rilevare, a volta a volta, il valore dello spirito rispetto alle sue forme essenziali ed assolute.

Ma, dice il Levi, «la grandezza in tutte le sue forme è in fondo una sola, grandezza morale ed umana; e se è suprema esigenza etica che la nostra vita sia azione, ed abbia un senso; non sarà fuor di luogo nei poeti, di cui sentiamo la grandezza, sospettare qualche cosa di più che la passività del sentimento, o l'attività dell'espressione: sospettare e cercare un'attività etica con un suo senso determinato e costante». Ond'egli si propone di cercare negli scritti del Leopardi «per quali vie egli giunse alla sua profonda intuizione, e potè prendere un atteggiamento interiore costante e sicuro di fronte all'universo». — Ebbene, tutto questo è molto vago perché possa servire di criterio alla storia del pensiero di un poeta. Se la grandezza in tutte le sue forme è una sola soltanto «in fondo», bisogna pure che si rispettino le differenze tra le varie forme, in cui unicamente è possibile che quello che è in fondo venga su, e si manifesti, e assuma così una forma storica determinata. E se è suprema esigenza etica che la nostra vita sia azione, posto, com'è necessario, che le suddette forme della grandezza, o, più modestamente, dello spirito, siano più d'una, oltre la suprema esigenza etica, ci saranno (dato pure e non concesso che questa sia la radice di tutte) altre esigenze supreme: come quella che la vita sia poesia, e che la vita sia filosofia: le quali, se il Levi ci riflette bene, s'avvedrà che non sono meno supreme, anche per la sua posizione, in cui l'azione è fondamentalmente un atteggiamento dell'uomo di fronte all'universo: poiché quest'atteggiamento o è un pensiero, o l'implica; e questo pensiero, dovendo essere una filosofia, non può non essere anche una poesia.

In realtà, quel che cerca il Levi nel poeta, non è la soddisfazione di una esigenza etica, bensì una metafisica, una rivelazione della ragione dell'esser nostro o del regno soprannaturale dei fini: e con l'occhio a questa mèta, pur accennando qua e là all'identità del valore poetico e del valore del contenuto filosofico della poesia, egli non si propone nemmeno, in nessun punto del suo libro, il problema dei rapporti tra arte e filosofia, e non mira quasi mai al giudizio estetico dell'arte leopardiana: ma si restringe a tracciare la linea di svolgimento del pensiero che c'è dentro, e che egli crede abbia assunto la sua forma finale in una specie di individualismo romantico corrispondente alle tendenze dello stesso Levi. Dirò bensì che la distinzione tra arte e filosofia accenna a svanire nel pensiero dell'autore appunto pel concetto meramente estetico, più che etico, di questa filosofia romantica a cui egli aderisce: quantunque pur in questo concetto la differenza permanga e obblighi il Levi a far violenza, qua e là, al pensiero del Leopardi per dargli quella sistematicità, che è necessaria anche a una filosofia individualistica.

Il risultato degli studi del Levi, in breve, è questo. Nel pensiero del Leopardi si devono distinguere due periodi: uno come di distruzione e dissoluzione dell'uomo, l'altro di affermazione e ricostruzione dell'uomo stesso; il quale allora si contrappone alla natura pessimisticamente e agnosticamente concepita in cui termina il primo periodo, e si aderge in tutta la sua grandezza, che è la sua stessa infelicità, o piuttosto la coscienza della sua infelicità. Il primo periodo terminerebbe verso la fine del 1823, e sarebbe rappresentato, sostanzialmente, dallo *Zibaldone*; il secondo comincerebbe, presso a poco, nel gennaio 1824, quando il Leopardi pose mano alle *Operette morali*: a proposito delle quali il Levi scrive giustamente: «Fa onore al buon gusto e al senso critico del Leopardi l'aver lasciato da parte tutto quello ch'egli sentiva estremamente ipotetico nelle sue teorie intorno alla storia dell'incivilimento e agli intenti della natura, e l'aver esposto definitivamente per il pubblico solo il nocciolo essenziale dei suoi pensieri intorno alla virtù e alla felicità umana».[8]

Insomma, anche pel Levi, lo *Zibaldone* è il periodo delle indagini e dei tentativi (de' suoi sette volumi i primi sei giungono al 23 aprile 1824): il periodo, in cui il Leopardi cerca tuttavia se stesso, e ancora non si ritrova qual era nella sua giovinezza e all'inizio del suo speculare: «pieno d'ardore per la virtù, e assetato di felicità, di bellezza e di grandezza». La riflessione, in questo periodo, che comincia intorno al '20, si stringe addosso a quest'ideali, che erano la vita dello spirito leopardiano; e non riesce a giustificarli, anzi li corrode e distrugge. Che cosa è il bello? e il bene? e il vero? e il talento? Movendo dal sensismo,

8 *Storia*, p. 121.

che negava lo spirito e non vedeva altro che la natura, tutti i valori dello spirito si dileguano facilmente dagli occhi del giovane pensatore, poiché perdono tutti la loro assolutezza, la loro apriorità. Ma da ultimo la vita stessa, che prende in lui il dolore di questo dileguo di tutti gl'ideali, si desta nell'esser suo di coscienza, e prorompe in una espressione ingenua della verità disconosciuta: espressione, che ferma giustamente l'attenzione del Levi; e giustamente gli fa segnare questo momento come principio d'un nuovo periodo dello svolgimento del Leopardi, ma comincia ad essere interpretata alla stregua del difettoso concetto che egli ha delle attinenze della poesia con la filosofia, e a far deviare quindi tutta la sua interpretazione del secondo periodo.

Il Leopardi, il 27 novembre 1823, scriveva nel suo Diario: «Bisogna accuratamente distinguere la forza dell'anima dalla forza del corpo. L'amor proprio risiede nell'animo. L'uomo è tanto più infelice generalmente quanto è più forte e viva in lui quella parte che si chiama anima. Che la parte detta corporale sia più forte, ciò per se medesimo non fa ch'egli sia più infelice, né accresce il suo amor proprio. — Nel totale e sotto il più dei rispetti [l'infelicità e l'amor proprio] sono in ragione inversa della forza propriamente corporale.... *La vita è il sentimento dell'esistenza.* — La materia (cioè quella parte delle cose e dell'uomo che noi più peculiarmente chiamiamo materia) non vive, e il materiale non può esser vivo e non ha che far colla vita, ma solamente coll'esistenza, la quale, considerata senza vita, non è capace di amor proprio, né d'infelicità».

«Quello che in questo luogo il Leopardi chiama sentimento vitale, o vita», avverte esattamente il Levi, «è manifestamente la coscienza». Ma continua: «Di qui innanzi egli negherà ancora in astratto la nozione metafisica dello spirito (al che egli ha avuto cura di tenersi aperta la strada colle circonlocuzioni 'quella parte dell'uomo che noi chiamiamo spirituale' e 'quella parte delle cose e dell'uomo che noi più peculiarmente chiamiamo materia'). A questo lo movevano il suo bisogno di concretezza, e l'avversione a tutto l'accattato e il falso ch'ei sentiva negli entusiasmi spiritualistici dei romantici. Ma, praticamente, rispetto a sé e rispetto all'uomo in generale, egli ha fermato con sufficiente sicurezza la nozione di ciò che in esso è di natura spirituale e della sua dignità». Ora qui è il principio del maggiore equivoco, in cui si dibatte poi il Levi in tutta la sua interpretazione del Leopardi.

Nel luogo citato del Diario c'è la coscienza della vita, ma non c'è la coscienza (il concetto) di questa coscienza: il Leopardi sente la propria grandezza come uomo sugli animali e sugli esseri inferiori, e la propria grandezza come Leopardi sugli uomini comuni, come potenza di essere infelice: ma non pone mente che egli è grande, non perché infelice, ma perché conscio della sua infelicità: cioè non vede l'esser suo nella coscienza che si eleva al di sopra del dolore, e lo impietra, nell'arte; e però non si può a niun patto asserire che possegga la nozione della propria natura spirituale e della propria dignità di contro alla natura. Infatti il possederla praticamente (e soltanto praticamente) come vuole il Levi, che significa se non che non la possiede come nozione, bensì con quella immediatezza onde lo spirito ha, qualunque sistema si professi, coscienza di sé? Che se egli ne raggiungesse la nozione, il suo pessimismo, che è il contenuto della sua poesia (attualità reale del suo spirito), sarebbe superato; poiché sarebbe risoluto nella poesia diventata essa stessa contenuto od oggetto dello spirito consapevole della propria vittoria sulla natura, come opposizione e limite dello spirito, e quindi sorgente dell'infelicità.

Il pessimismo è assolutamente inconciliabile col concetto del valore dello spirito; e questa è la vera e profonda ripugnanza che prova il Leopardi, — pur quando intravvede nella vivacità stessa della sua spiritualità l'essenza propria del reale, che è *sentimento*, com'egli s'esprime, *dell'esistenza* — ad affermare quella realtà che non ha posto nella visione pessimistica del mondo in cui si chiude e fissa l'anima sua; e però ricorre a quelle circonlocuzioni «quella parte dell'uomo che *noi chiamiamo* spirituale» ecc.; circonlocuzioni, che sono la patente documentazione del fatto, che il Leopardi non si solleva al concetto dell'essenza dello spirito. Che se questo concetto si fosse rivelato comunque alla sua mente, con tutta la sua «avversione all'accattato e al falso che ei sentiva negli entusiasmi spiritualistici dei romantici», con tutto «il suo bisogno di concretezza», come avrebbe potuto egli chiudere gli occhi alla luce, e non vedere che il sentimento dell'esistenza, non essendo materia... non è materia, e che la presunta concretezza della materia come tale non è altro che un'astrazione, dal momento che essa non ci può esser nota altrimenti che pel sentimento che ne ha il vivente?

Orbene questa contraddizione intrinseca tra il sentimento, non elevato a concetto, dell'umana grandezza, e il concetto (contenuto della poesia leopardiana) della nullità dell'uomo di fronte alla natura e quindi della fatalità assoluta del dolore, questa è la grande situazione poetica del Leopardi rappresentata così splendidamente dal De Sanctis nel saggio sullo Schopenhauer:[9] «Leopardi produce l'effetto contrario a quello che si propone. Non crede al progresso, e te lo fa desiderare: non crede alla libertà, e te la fa amare. Chiama illusioni l'amore, la gloria, la virtù, e te ne accende in petto un desiderio inesausto. E non puoi lasciarlo, che non ti senta migliore; e non puoi accostartegli, che non cerchi innanzi di raccoglierti e purificarti, perché non abbi ad arrossire al suo cospetto. È scettico, e ti fa credente; e mentre non crede possibile un avvenire men tristo per la patria comune, ti desta in seno un vivo amore per quella e t'infiamma a nobili fatti. Ha così basso concetto dell'umanità, e la sua anima alta, gentile e pura la onora e la nobilita». Appunto, questo flagrante con-

<hr>

[9] *Saggi critici*, pp. 297-98.

trasto tra il suo concetto e la sua anima è la forma e il valore speciale della sua poesia: ma non perviene mai a distinta coscienza degli opposti motivi che vi concorrono senza scoppiare dentro il contenuto (astrattamente considerato come filosofia) in manifesta contraddizione logica, come avviene nella *Ginestra*: con quanto vantaggio della poesia non so.

Certo, la forma leopardiana si regge sull'equilibrio di questi opposti motivi, che sono la personalità del poeta e il suo mondo pessimistico: equilibrio che si mantiene perfettamente, per esempio nell'*Ultimo canto di Saffo*, nel canto *A Silvia*, nel *Canto notturno* e, in modo tipico, nei versi *All'infinito*, dove la personalità si dimentica nel suo mondo, lo pervade e ne è la forma poetica: laddove, appena vi si contrapponga, come parte di contenuto (che è qui coscienza che il poeta ha di se medesimo) accanto all'altra parte affatto aliena, tende necessariamente a spezzare l'unità del fantasma, che è la logica del pensiero poetico.

Di tale contrasto il Levi, poeteggiando anche lui per interpretare il Leopardi, non vedo abbia chiara coscienza: e però scambia la forma col contenuto dell'arte leopardiana, e vede una filosofia (quella con cui piace a lui d'interpretare l'anima umana) dov'è soltanto l'anima, e cioè la poesia del Leopardi.

Tralascio i bei capitoli, che il Levi consacra alla storia della concezione storica del pessimismo, quale si disegna già nella critica dello Stato e della civiltà, della scienza e della filosofia e nella teoria delle illusioni attraverso lo stesso *Zibaldone* per trovare in fine la sua espressione nei primi canti: *Nelle nozze della sorella Paolina, A un vincitore nel pallone, Bruto minore, Ultimo canto di Saffo, Alla primavera* e *Inno ai Patriarchi*. E vengo al secondo periodo. Il Levi studia gl'indizi della coscienza che il Leopardi comincia ad acquistare della propria grandezza dopo la dimora che fa in Roma dal novembre 1822 al maggio 1823: coscienza culminante da ultimo, a mezzo il 1823, in questa nota del Diario: «Niuna cosa maggiormente dimostra la grandezza e la potenza dell'umano intelletto, che il poter l'uomo conoscere e interamente comprendere e fortemente sentire la sua piccolezza... E veramente quanto gli esseri più son grandi, quale sopra tutti gli esseri terrestri è l'uomo, tanto sono più capaci della conoscenza, e del sentimento della propria piccolezza».[10] Quindi s'inizia il secondo periodo, il cui pensiero il Levi vede maturarsi tutto nelle prose degli anni 1824 e '25 (*Storia del genere umano, Dialogo della Natura e di un'Anima, Dialogo della Natura e di un Islandese, Frammento apocrifo di Stratone*) e nelle note sincrone dello *Zibaldone*. In questo secondo periodo, dall'uomo il Leopardi ritrae la causa del dolore universale nella natura; alla concezione storica del pessimismo sottentra quella cosmica: ma di fronte alla natura inesorabile artefice del nostro doloroso destino e imperscrutabile prosecutrice di fini divergenti dai fini dell'uomo s'accampa questo con la coscienza del proprio valore: dell'uomo, secondo intende il Levi, in quanto individuo, e pur creatore del suo valore nel virile disdegno d'ogni illusione, nella magnanima sfida al Potere ascoso: nell'affermazione, insomma, di sé come coscienza del dolore. Onde il Leopardi acquista una serenità, una sicurezza ignota a quell'angoscioso piegarsi e stridere dell'anima sotto il dolore, che è l'atteggiamento del primo periodo. Questo mi pare, se ho bene inteso il cenno più che esposizione del Levi, il suo modo d'intendere questa forma suprema dello spirito leopardiano.

Ma contro questa interpretazione vedo due principali difficoltà, la prima delle quali confesso di proporre con qualche esitazione, perché non sono sicuro di cogliere interamente il pensiero del Levi. Ed è che non vedo i documenti dell'interpretazione del Levi per ciò che riguarda l'individualità dell'uomo, che in questo secondo periodo starebbe di contro alla natura. Nell'allegoria dell'Amore, alla fine della *Storia del genere umano*, la designazione dei «cuori più teneri e più gentili,

---

[10] *Zibald.*, V, 223

delle persone più generose e magnanime», che vengono a provare «piuttosto verità che rassomiglianza di beatitudine», comprende bensì il Leopardi, anzi rappresenta soltanto il Leopardi; ma non come individuo che crea se stesso, col suo valore. Non è coscienza del dovere dell'individuo, che può nello spirito vincere l'avversa natura e toccare quindi la beatitudine da questa contesagli; ma è l'immediata condizione spirituale del Poeta, la cui serenità estetica si diffonde per tutta la *Storia* e ne placa il dolore. Il ragionamento dimostra la vanità delle illusioni, e di ogni desiderio della felicità ignota e aliena alla natura dell'universo, e l'amarezza dei frutti del sapere: ma della beatitudine che spira intorno al nume, figliuolo di Venere celeste, non v'è giustificazione, né quindi concetto. «Dove egli si posa, dintorno a quello si aggirano, invisibili a tutti gli altri, le stupende larve, già segregate dalla consuetudine umana; le quali esso Dio riconduce per questo effetto in sulla terra, permettendolo Giove, né potendo essere vietato dalla Verità, quantunque mimicissima a quei fantasmi». — Qui dunque c'è l'anima che non s'arrende alla verità; ma non la verità, come concetto dell'anima. E l'anima è appunto quella dolce serenità che si diffonde per tutta la prosa: ossia la forma, la poesia, non il contenuto, la filosofia, del pensiero leopardiano.

Altrettanto, *mutatis mutandis*, mi pare sia da osservare di quella individualità che il Levi vede nelle varie prose al di sopra del pessimismo cosmico, fino a Tristano che non si sottomette alla sua infelicità, né piega il capo al destino, né viene seco a patti, come fanno gli altri uomini. L'affermazione di Tristano è piuttosto negazione: «E ardisco desiderare la morte, e desiderarla sopra ogni cosa, con tanto ardore e con tanta sincerità, con quanta credo fermamente che non sia desiderata al mondo se non da pochissimi... In altri tempi ho invidiato... quelli che hanno un gran concetto di se medesimi; e volentieri mi sarei cambiato con alcuno di loro. Oggi non invidio più né stolti né savi... Invidio i morti, e solamente con loro mi cambierei...».

In secondo luogo, di questo disdegnoso gusto, o come altrimenti si manifesti la vittoria dell'uomo sulla natura, perché e come potrà farsi una caratteristica del secondo periodo se nel primo periodo resta, per esempio, il *Bruto minore* col «prode» di cedere inesperto, che guerreggia teco

> Guerra mortale, eterna, o fato indegno;

e resta l'*Ultimo canto di Saffo*, in cui l'uomo si erge magnanimo contro i numi e l'empia sorte, e, conscio della propria grandezza al di sopra del «velo indegno», emenda il crudo fallo del cieco dispensator dei casi?

Però credo che nell'esame dei canti del secondo periodo, cui è consacrato l'ultimo capitolo dell'acuto e suggestivo studio del Levi, la poesia leopardiana sia più d'una volta tormentata affinché risponda docilmente ai preconcetti filosofici costruttivi dell'autore. Nel *Risorgimento* sarebbe celebrata «con gioconda sicurezza la superiorità della vita affettiva sulla conoscenza e su tutto, e la forza invitta con cui l'io profondo si afferma, non ostante la contraddizione di tutto l'universo». Ma, se il Leopardi canta:

> Proprii mi diede i palpiti
> Natura, e i dolci inganni;
> Sopirò in me gli affanni
> L'ingenita virtù.
> Non l'annullar, non vinsela
> Il fato e la sventura;
> Non con la vista impura
> L'infausta verità...
> Pur sento in me rivivere
> Gl'inganni aperti e noti;

E de' suoi proprii moti
Si maraviglia il sen.

la chiave, l'intonazione della poesia è in questo meravigliarsi del-
l'animo di fronte al risorgimento dell'ingenita virtù: a questo miracol
novo, che, appunto perché tale, non è menomamente sicura coscienza della superiorità della vita affettiva sulla conoscenza. Data la sicurezza, perché meravigliarsi? E se togliete questa meraviglia, questo
stupore innanzi al subito rianimarsi del mondo al risorgere del vecchio cuore, la poesia è svanita.

Un altro esempio significativo. Nei versi *A se stesso*, secondo il Levi,
«ancora una volta si sfoga riaffermando, disperatamente, ma pure
ancora superbissimamente, l'assoluta solitudine della sua grandezza»;
e cita i versi:

Non val cosa nessuna
I moti tuoi, né di sospiri è degna
La terra. Amaro e noia
La vita, altro mai nulla; e fango è il mondo.

Ma dov'è qui la solitudine della grandezza, se il Leopardi vi nega
ogni finalità ai moti stessi del cuore, se cioè non crede che il cuore
possa aspirare a nulla, e tutti i versi sono uno schiacciamento del
cuore stanco sotto l'immane fatalità?

Infine: «La *Ginestra*», dice il Levi, «è da taluni, non senza un po' di
retorica, esaltata per il suo contenuto morale; da altri è trovata troppo arida e raziocinativa. A me sembra una cosa grande, anche per
quella maschia e dantesca sprezzatura, onde il poeta non rifugge, per
rispetto all'intento morale, dall'interrompere la sua melodiosa poesia
colle pagine ossute di ragionamenti in versi. Certo le parti più belle
sono le meditazioni intorno all'immensità dell'universo e alla picco-

lezza dell'uomo, eppoi la straordinaria descrizione delle eruzioni vesuviane. La bellezza di questa nasce da cosa molto più alta che non sia l'eccellenza espressiva: e questa è l'intensità tragica del pensiero universale simboleggiato, e la potenza di una personalità, che si colloca di fronte alla natura, e ne abbraccia e comprende la terribile grandezza senza lasciarsene opprimere». —

Ma io direi che la *Ginestra* non può esser cosa grande per la cosiddetta sprezzatura dantesca d'interrompere la poesia con pagine di ragionamenti. Se vi sono ragionamenti che interrompono davvero la poesia, il Leopardi, mi pare, sarebbe stato più grande non interrompendo la sua poesia: dato che la grandezza della poesia non possa essere altro che il carattere eccellente di una poesia, tanto più poetica, di certo, quanto più è fusa e una, e tutta poetica. Vero è che soltanto la retorica può persuadere ad esaltare la *Ginestra* per il suo contenuto morale; poiché questa parte appunto (oltre che la polemica contro la filosofia del secolo XIX e contro il Mamiani) è quella in cui è compromesso l'equilibrio lirico della poesia; ma mi pare anche un errore staccare la bellezza delle meditazioni sul contrasto tra la grandezza sterminata dell'universo e la piccolezza dell'uomo, o quella della descrizione dell'eruzione, dall'organismo, dalla vita di tutta la poesia, dove è la vera e sola bellezza, da cui le altre particolari sono irradiate: e che è, credo, la bellezza della ginestra, del fior gentile, immagine del Leopardi, che, mentre tutto intorno una ruina involve,

al cielo
Di dolcissimo odor manda un profumo,
Che il deserto consola:

l'espressione più delicata della divina poesia leopardiana. E dove il Levi afferma con intenzione, che la bellezza non so se della descrizione delle eruzioni vesuviane o se di tutta la *Ginestra*, «nasce da cosa

molto più alta che non sia l'eccellenza espressiva» alludendo a una
dottrina estetica, che dice altrove di non poter accettare, noterò che
egli mostra di non aver forse compreso che s'intende in questa dottrina per espressione: perché l'intensità tragica che egli vi contrappone
non è niente di diverso dalla espressione, se di questa intensità tragica intende parlare in quanto la vede nella *Ginestra*; poiché l'espressione va cercata nell'atteggiamento individuale che lo spirito assume
di fronte a una certa materia, e questa, quindi, in lui.

Ma c'è poi quella personalità, che si colloca di fronte alla natura....
senza lasciarsene opprimere? — Qui sarebbe il proprio della interpretazione del Levi. Né supplicazioni codarde, né forsennato orgoglio.
Ma la ginestra non supplica semplicemente perché, più saggia del-
l'uomo, non crede sue stirpi immortali, e sa pertanto che suppli-
cherebbe indarno al futuro oppressore. Non c'è, dunque, né pur qui,
l'individuo che si contrappone alla crudel possanza, ma la serenità
pacata della coscienza della sua inesorabilità: insensibilità di saggio
antico, più che affermazione romantica dell'umana personalità.

In conchiusione, anche al nuovo schema filosofico la poesia leopardiana si sottrae e repugna, per richiudersi sempre ostinata nella natu-
ral veste del suo pathos lirico.

*Allo scritto precedente il prof. Levi rispose con alcune osservazioni inge-
gnose,[11] a cui fu replicato con la seguente lettera:*

Egregio Professore,

Mi par difficile discutere delle interpretazioni particolari di questa
o quella poesia o altro documento del pensiero leopardiano senza
rimettere in discussione il concetto generale e quindi i canoni critici

---

[11] Si possono leggere nella *Critica*, IX, 1911, pp. 473-76.

del Suo lavoro. Perché le mie osservazioni singole non miravano a confutare singole opinioni e determinati giudizi, né a mostrare piccole infedeltà ed inesattezze, sì bene a far vedere in atto l'illegittimità del criterio fondamentale con cui aveva Ella ricostruito la sostanza dello spirito leopardiano. Così, nella risposta che Ella dà a talune delle mie critiche particolari, mi pare si sia lasciato sfuggire l'intento generale e il significato complessivo del mio articolo. Per esempio, perché, pur consentendo che nel luogo citato dello *Zibaldone* (VI, 296) con vita o sentimento dell'esistenza il Leopardi intenda la coscienza, io negavo che si dimostrasse la coscienza, ossia il concetto, della coscienza? Perché questo concetto, in quanto tale, in quanto parte di una generale intuizione del mondo, era ciò di cui Ella aveva bisogno per cominciare a vedere nel Leopardi la filosofia individualistica, in cui Ella intende riporre l'essenza della più alta poesia leopardiana. Con ciò io non dovevo attribuire al Leopardi soltanto il possesso immediato della coscienza (com'Ella mi fa dire), che sarebbe stato invero troppo poco: ma solo un senso vago o, se vuole, una nozione imperfetta, o magari un concetto, che però non era un vero concetto, della coscienza. Il Leopardi insomma vede lì la coscienza, ma non la pensa: sicché per lui pensatore questa coscienza è come se non fosse; e non può dirsi perciò, che «praticamente, rispetto a sé e rispetto all'uomo in generale, egli ha fermato con sufficiente sicurezza la nozione di ciò che in esso è di natura spirituale e della sua dignità». Il senso della spiritualità e della dignità spirituale di sé e dell'uomo in generale sì; e questo appunto io dicevo essere non il contenuto (la filosofia, il concetto) della poesia leopardiana, ma la forma (la poesia, la lirica, l'espressione della personalità del poeta, superiore alla sua filosofia).

Così, sarà verissimo che il Leopardi si creda infelice perché grande, piuttosto che grande perché infelice. Ma questo non ha che vedere con la mia osservazione che, se egli avesse avuto il concetto

della coscienza, avrebbe veduto la propria grandezza in un grado
spirituale che è al di sopra del dolore e della infelicità. La coscienza
per lui era la stessa sensibilità, non la coscienza vera e propria, il
superamento della sensibilità, la filosofia del dolore, che, come filosofia e quindi oggettivazione e visione *sub specie aeterni* del dolore
stesso, non può non liberare da esso il soggetto. Nel *Dialogo della
Natura e di un'Anima* il Leopardi, più che far dipendere l'infelicità
dalla grandezza, identifica l'una con l'altra. L'Anima domanda:
«Ma, dimmi, eccellenza e infelicità straordinaria sono sostanzialmente una cosa stessa? o quando sieno due cose, non le potresti tu
scompagnare l'una dall'altra?» e la Natura risponde: «Nelle anime
degli uomini, e proporzionatamente in quelle di tutti i generi di
animali, si può dire che l'una e l'altra cosa sieno quasi il medesimo:
perché l'eccellenza delle anime importa maggiore intensione della
loro vita; la qual cosa importa maggior sentimento dell'infelicità
propria; che è come se io dicessi maggiore infelicità». Dove è chiaro che la infelicità maggiore è maggiore sensibilità, cioè eccellenza,
grandezza spirituale: perché l'infelicità è tale in quanto è sentimento di essa, cioè quella vita, nella cui intensione consiste l'eccellenza
dell'animale. E però il Leopardi deve ad ogni modo commisurare la
propria grandezza con la propria infelicità; ciò che egli non avrebbe
fatto, se avesse fermato con sicurezza, sia pure praticamente, la
nozione della vera realtà spirituale, che in lui spontaneamente s'afferma quando, come per esempio nella sua lettera del 15 febbraio
1828, tra i «maggiori frutti» che si proponeva e sperava da' suoi versi
annoverava «il piacere che si prova in gustare e apprezzare i proprii
lavori, e contemplare da sé, compiacendosene, le bellezze e i pregi
di un figliuolo proprio, non con altra soddisfazione, che di aver
fatta una cosa bella al mondo; sia essa o non sia conosciuta per tale
da altrui». Dove c'è quel dolore impietrato, di cui io parlavo come
dell'unica forma possibile del dolore in quanto contenuto della

coscienza;[12] ma di questa coscienza, e quindi di quella vita del dolore che non è più dolore nella vita dello spirito il Leopardi non ha coscienza.

E però il contrasto interiore che io vedo nella poesia del Leopardi è identico a quello che ci vedeva il De Sanctis, anche se, nel passo citato da me, rappresentato da un solo aspetto: il contrasto tra la ricchezza spirituale della personalità del poeta e la povertà, per non dire negazione, di ogni sostanzialità spirituale, propria del contenuto della sua poesia.

Del *Dialogo di Tristano e di un amico* non è esatto che il primo periodo citato da me sia: «E ardisco desiderare la morte ecc.». Le parole precedenti erano state pur da me riferite immediatamente prima: «...fino a Tristano che non si sottomette alla sua infelicità, né piega il capo al destino, né viene seco a patti, come fanno gli altri uomini».[13] Ma queste parole non potevano impedirmi di vedere in quel che segue, e in cui confluisce il pensiero di quelle stesse parole, e però in tutto il *Dialogo*, una negazione piuttosto che un'affermazione: e negazione non soltanto, come Ella dice, della propria persona empirica; perché la morte, pel Leopardi, non distrugge soltanto la persona empirica, ma tutto l'essere dell'individuo.

Quanto alla differenza di disposizione spirituale tra il *Bruto minore*, per esempio, e il *Dialogo tra Plotino e Porfirio* o l'*Amore e morte*,

---

[12] Mi piace ricordare la felice osservazione del De Sanctis (*Studio sul Leopardi*, p. 213): «Egli [il Leopardi] aveva la forza di sottoporre il suo stato morale alla riflessione e analizzarlo e generalizzarlo, e fabbricarvi su uno stato conforme del genere umano. Ed aveva anche la forza di poetizzarlo, e cavarne impressioni e immagini e melodie, e fondarvi su una poesia nuova. Egli può poetizzare sino il suicidio, e appunto perché può trasferirlo nella sua anima di artista e immaginare Bruto e Saffo, non c'è pericolo che voglia imitarli. Anzi, se ci sono stati momenti di felicità, sono stati appunto questi. Chi più felice del poeta o del filosofo nell'atto del lavoro? - L'anima, attirata nella contemplazione, esaltata dalla ispirazione, ride negli occhi, illumina la faccia...».

[13] Cfr. sopra, p. 57.

dove si anela alla morte, ma la si attende serenamente, deposto ogni
disperato pensiero di suicidio, non occorre negarla per non vedere né
anche nei componimenti più tardi quella coscienza del valore della
propria individualità, che Ella ci vede. Nel detto *Dialogo* non si cela,
almeno io non riesco a scorgere, «quella robusta fede nella grandezza
umana, riconosciuta possibile sempre, perché bastevole a se stessa». Se
l'essere dell'uomo è la sua vita, quivi si dice che «la vita è cosa di tanto
piccolo rilievo, che l'uomo, in quanto a sé, non dovrebbe esser molto
sollecito né di ritenerla né di lasciarla». E, se non m'inganno, la nota
fondamentale del dialogo è nelle ragioni della tollerabilità della vita,
per misera che sia: le quali ragioni sono bensì la critica del pessimismo materialistico del Leopardi, ma restano nella forma di sentimento, bastevole a conferire al dialogo queir intonazione affettuosa che gli
è propria, e sono veramente l'opposto di quella affermazione dell'individualità dello spirito, di cui si va in cerca: «Aver per nulla il dolore della disgiunzione e della perdita dei parenti, degl'intrinsechi, dei
compagni; o non essere atto a sentire di sì fatta cosa dolore alcuno;
non è di sapiente, ma di barbaro. Non far niuna stima di addolorare
colla uccisione propria gli amici e i domestici; è di non curante d'altrui, e di troppo curante di se medesimo. E in vero, colui che si uccide da se stesso non ha cura né pensiero alcuno degli altri; non cerca
se non la utilità propria; si gitta, per così dire, dietro alle spalle i suoi
prossimi, e tutto il genere umano; tanto che in questa azione del privarsi di vita, apparisce il più schietto, il più sordido, o certo il men
bello e men liberale amore di se medesimo, che si trovi al mondo». Se
prendessimo atto di questa critica del suicidio — che, risolvendosi in
una serie di asserzioni, vale certo come effusione di stati immediati
dell'animo, ma non come filosofia — che filosofia diverrebbe questa
del Poeta che ha ragionato sempre sul presupposto che la vita dell'uomo sia racchiusa nella sua sensibilità, e che tutto il mondo all'uomo
non si rappresenti se non nella breve sfera del piacere e del dolore suo

individuale? Ma, d'altra parte, senza questa contraddizione interna tra la filosofia dominante nel dialogo e il senso affettuoso onde il poeta è avvinto ai suoi prossimi e a tutto il genere umano (cfr. la *Ginestra*) e che pervade tutta la conversazione intima di Plotino con Porfirio, dove se n'andrebbe la poesia del commovente dialogo?

Nell'intendere come ho inteso il *Risorgimento* posso sbagliarmi; e la sicurezza con cui Ella crede si debba intendere altrimenti, mi fa dubitare forte del mio giudizio. Ma la ragione che mi oppone non mi riesce molto persuasiva: c'è, di sicuro, nella poesia una risposta alle domande: «Chi dalla grave, immemore Quiete or mi ridesta? Che virtù nova è questa?... Chi mi ridona il piangere Dopo cotanto oblio?» ecc.:

> Da te, mio cor, quest'ultimo
> Spirto e l'ardor natio.
> Ogni conforto mio
> Solo da te mi vien;

ed è vero che nella quartina precedente l'accento maggiore è nel terzo verso. Ma è anche vero che questa risposta è la soluzione del problema, in cui consiste la poesia: l'inaspettato, il miracoloso risorgimento del vecchio cuore. E quindi il sentimento che regge tutta la poesia mi pare la meraviglia. Ragione, invece, Ella ha certamente nel correggere il significato da me attribuito[14] agli ultimi versi del canto *A se stesso*; ma pur dopo la correzione, il significato del canto non è punto favorevole alla tesi dell'affermazione della propria grandezza, sì a quella del grido della disperazione, comune a quasi tutta la poesia leopardiana.

E nella *Ginestra* chi negherà il motivo da Lei richiamato, della per-

---

[14] In un periodo ora non più ristampato dello scritto precedente.

sonalità del Poeta che non si lascia opprimere dalla crudel possanza della natura? Ma bisogna vedere quanto questo motivo sia attenuato qui dall'umile coscienza delle proprie sorti («che con franca lingua.... Confessa il mal che ci fu dato in sorte, E il basso stato e frale...; ma non eretto Con forsennato orgoglio inver le stelle, Né sul deserto....» ecc.), e quasi rammollito e sciolto nell'amore con cui l'animo abbraccia tutti gli uomini fra sé confederati, e nella poesia consolatrice che, commiserando i danni altrui, manda al cielo, come la ginestra, un profumo di dolcissimo amore, che consola il deserto. Anche la ginestra, che piegherà il suo capo innocente sotto il fascio mortal, insino allora non piegherà *indarno codardamente supplicando innanzi al futuro oppressor* ma ciò non toglie nulla alla gentilezza del fiore *di tristi lochi e dal mondo abbandonati amante,* né alla solenne rassegnata pacatezza del vero sapiente cantata dal Leopardi.

Certamente, tutte queste cose meriterebbero di essere chiarite con un'analisi più accurata degli scritti leopardiani; e io voglio sperare che questa discussione possa invogliar Lei, che ha studiato tutte le cose del nostro grande Poeta con tanto acume e con tanto amore, a non staccarsene senza prima avervi gittato su la luce di nuove ricerche.

## III. IL LEOPARDI MAESTRO DI VITA[15]

Maestro di vita Giacomo Leopardi? Il prof. Bertacchi si è proposto appunto di «raccogliere dagli scritti di Giacomo Leopardi e di comporre in multiforme unità gli elementi dell'opera sua nei quali parli-

---

[15] A proposito del libro di GIOVANNI BERTACCHI, *Un maestro di vita: Saggio leopardiano,* Part. I: *Il poeta e la natura,* Bologna, Zanichelli, 1917.

no più alto le feconde ragioni della vita»: «quanto di sereno o di men triste ricorre nelle pagine del Nostro; quanto di attivo e di energico, pur nello stesso dolore, risulta dal sentimento, e dal pensiero di lui.... allo scopo di integrar, se possibile, la figura del grande Scrittore». Per dire la cosa più semplicemente e chiaramente, egli intende illustrare tutti gli elementi ottimistici propri della poesia leopardiana.

Elementi che non mancano certamente nella detta poesia; e costituiscono la singolare caratteristica del suo pessimismo, come già osservava sessant'anni fa il De Sanctis nel suo dialogo sullo Schopenhauer (dopo che allo stesso concetto aveva accennato un ventennio prima Alessandro Poerio, in una sua lirica rimasta inedita); e conferiscono infatti agli scritti di questo dolente e desolato pessimista un'alta virtù educativa e consolatrice. E molti studi diligentissimi furono fatti in questo senso da Giovanni Negri, nelle sue *Divagazioni*, che pare siano rimaste ignote al Bertacchi. Ma c'è ottimismo e ottimismo; e la ricerca del Bertacchi mi pare avviata in una direzione, che potrà condurre a falsificare interamente il carattere dello spirito leopardiano, attribuendogli un ottimismo edonistico od estetico, che solo un lettore distratto e superficiale può vedere in alcuni aspetti della sua sublime poesia. Giacché l'ottimismo del Leopardi è la fede e l'esaltazione della virtù, della grandezza e della potenza dello spirito, di quelle necessarie illusioni, come egli le chiama, a cui non trova posto nel mondo, guardato come cieco crudele meccanismo naturale; ma che non perciò egli abbandona, anzi afferma sempre più vigorosamente: di guisa che il suo mondo triste e doloroso viene da ultimo purificato e rasserenato in questa intuizione schiettamente spiritualistica. La quale, d'altra parte, non avrebbe il suo proprio particolar significato, disgiunta dalla negazione pessimistica della vita dei piaceri e delle gioie naturali, che ne è come la base o il contenuto. In questa contraddizione intima tra la natura cattiva e lo spirito buono che in sé accoglie la visione di cotesta natura, consiste proprio la radice, da cui trae alimento tutta la poesia del Leopardi; per intender la quale non bisogna lasciarsi sfuggire né l'uno né l'altro dei due elementi contradittorii.

Il prof. Bertacchi invece crede di poter quasi cogliere in fallo il Poeta ogni volta che il vivo senso delle bellezze naturali (poiché in questa prima parte egli studia il Poeta in rapporto con la natura) fa lampeggiare dentro ai suoi canti una sensazione di letizia; per modo che, contro l'intenzione del Poeta, la sua poesia tratto tratto scoprirebbe nella stessa realtà naturale ravvivata dall'anima dello stesso Poeta le ragioni della vita: ossia una fonte di dolcezza, a cui il Poeta inconsapevole pur seppe attingere. Poiché, per lui, «vita è sentire e far sentire il bello e il sereno di natura; vita ravvisare e creare le fide corrispondenze con essa», e poi «l'uscirle incontro così, con gli occhi luminosi di gioia o impregnati di pianto, narrarle le anime nostre, consenta o contrasti essa con noi, moltiplicarci, nel suo cospetto, di atteggiamenti e di modi, circuirla di umani argomenti, dedurre dal suo stesso sensibile le conchiusioni più nostre e i significati inattesi» ecc., e il Poeta studiato «ne' suoi fedeli commerci con la natura esteriore» apparirebbe maestro di vita «spirito vigile e attivo, pronto a fecondarsi d'intorno e a moltiplicarsi le cose»[16] che sdoppia e ingrandisce e abbellisce con la sua fantasia. Insomma la vita di cui sarebbe maestro il Leopardi è una vita di piacere; del piacere procurato dalla intuizione estetica della natura.

Tesi in parte ingenua e oziosa, in parte falsa. Perché se si volesse dire soltanto che il Leopardi insegna a guardare esteticamente la natura e in generale a dar vita estetica al mondo sensibile, questo sarebbe verissimo, ma così del Leopardi come, più o meno, di ogni grande poeta; e non c'è nessun bisogno di dimostrare questa tautologia, che un'opera d'arte, qualunque essa sia, è rappresentazione estetica; e quel che

[16] O. c., pp. 84-85, 136-37.

può avere un interesse e un significato, è dimostrare nel caso particolare in che modo un artista rappresenti il suo mondo. Ma la tesi del Bertacchi ha in più la pretesa d'indicare attraverso questo vagheggiamento fantastico della bella natura una vita diversa da quella apparsa triste al Poeta: quasi che questi ne avesse avuto innanzi due, una bella e luminosa e l'altra squallida e buia, e gli occhi di lui, senza ch'egli se ne accorgesse, fossero attratti più dalla prima, e la luce di questa s'effondesse sull'altra. Che è una pretesa affatto erronea; e giustificabile soltanto col criterio dal Bertacchi candidamente esposto fin dalla prima pagina del suo libro, come norma fondamentale del suo metodo critico.

Quivi infatti dice essere «comunissima sentenza che l'opera d'uno scrittore non valga solo per sé, ma anche per il modo diverso ond'essa, quasi, si adatta a ciascuno di noi», poiché «spesso dalla parola d'un autore, accostata alle anime nostre, si svolgono sensi ulteriori che l'autore non previde, ma che le affinità degli spiriti e le somiglianze dei casi vi sanno naturalmente ritrovare... Il creatore è creato a sua volta, è rinnovato via via di significazioni e di uffici». Sicché il Leopardi maestro di vita è il Leopardi dei *sensi ulteriori* e non il Leopardi storico: il Leopardi creato più che il creatore: creato, s'intende, in questo caso, dal Bertacchi. Il quale, una volta sul punto di creare, non è più legato da nessuno dei vincoli onde ogni critico e storico è legato alle opere che intende interpretare; e può scegliere tra gli scritti leopardiani quelli soli o di alcuni di essi quelle parti soltanto, in cui meglio può vedere adombrata l'immagine del maestro di vita che desidera raffigurare.

Così comincerà con lo scartare le prose: perché «nella voluta terribile aridità» di queste, «il pensatore sinistro svolge i suoi tristi argomenti, e noi non abbiamo agio di aggiungervi nulla del nostro» (nessun *senso ulteriore*!): «egli non suscita in noi altro moto che non sia d'attenzione a quella sua logica amara». E il Bertacchi vuol dire che lì

c'è il pensiero del Leopardi, e non c'è la natura nei suoi aspetti susci-
tatori d'immagini belle: il che non è poi vero, se si considerano almeno la *Storia del genere umano*, il *Dialogo della Natura e di un Islandese*,
*La Scommessa di Prometeo* e l'*Elogio degli Uccelli*. Pel Bertacchi le
*Operette morali* sono filosofia e non poesia. — Da scartare poi le poesie in cui il Poeta «trasferisce nel canto quella materia medesima»,
malgrado «la maggior seduzione portata dall'onda del verso, dal
periodar musicale, dalle pur rare imagini che infiorano il discorso qua
e là». E con questi caratteri il Bertacchi non si perita di designare,
oltre l'*Epistola al Pepoli*, la *Palinodia* ed *I nuovi credenti*, canti come *Il
pensiero dominante*, *Amore e morte*, il *Bassorilievo antico* e il *Ritratto di
bella donna*: definite «liriche anch'esse di pensiero e infuse di sentimento»! — Scartate, almeno questa volta, le poesie in cui il Leopardi
parla bensì diretto al nostro cuore (*Sogno*, *Consalvo*, *A se stesso*,
*Aspasia*), ma cantando se stesso non esce dall'ambito umano e sdegna
ogni elemento esteriore: giacché «chi legge, anche in tal caso, è legato alla parola del poeta, e solo la rielabora in sé in quanto essa gli desti
nel cuore un moto di passioni consimili che il cuore abbia provato
esso stesso». — Da escludersi infine i canti civili (*All'Italia*,
*Monumento di Dante*, *Ad A. Mai*, *Alla sorella Paolina*, *A un vincitore
nel pallone*); sempre per lo stesso motivo, che «si resta, sebbene con
ampiezza maggiore (?), nell'ordine voluto dal poeta». Restano le altre
poesie, dove il Leopardi «canta all'aperto» ed effonde il canto dell'anima al cospetto della natura: «vive con la natura, o almeno, nella natura. E questa natura, poi, è quasi sempre serena».

Qui il poeta Bertacchi, creatore del creatore, può spaziare a suo agio
nel vasto cielo dei sensi ulteriori. Ecco: «I paesaggi campestri, le scene
umili o grandi in cui si veniva a comporre l'anima del dolente poeta,
sono sempre evocati nei loro aspetti più belli: soleggiati sono i suoi
giorni; le sue notti sono stellate e inargentate di luna. La pioggia, che
appar malinconica in un dei giovanili *Frammenti*, e procellosa in un'al-

tro, riappare in *Vita solitaria* con fresca dolcezza mattutina, attraversata dal sole che entro vi trema sorgendo». E questa presenza della natura «non è senza effetto per noi». Creare qui si può. «Egli, il poeta, potrà bene, contro ogni serena bellezza, accampar le sue tristi fortune, o le innate sventure di tutto il genere umano, o l'arcano terribile dell'esistenza; noi potremmo bene, com'ei vuole, seguirlo nei suoi tristi argomenti, veder quella bella natura velarsi del dolore di lui, sentir vivo il contrasto che si agita tra quel poeta e quel mondo: ma, poi, non possiamo impedire che alcunché di quel bello, di quel sereno che egli evoca, si apprenda alle anime nostre, e resti in noi quasi a sé, quasi distinto dai sensi che il poeta vi associa, congiungendosi, anzi, dentro di noi con quante visioni di giorni dorati e di pure notti profonde vi si raccolsero negli anni». Che sarà — anche, come si sarà avvertito, nell'onda del verso — una poesia bertacchiana, un senso ulteriore, che il Leopardi non ci mise (come il Dante della novella sacchettiana), ma non ha più niente che vedere colla poesia del Leopardi. E dove pare si accenni a un giudizio critico, non può essere altro che una vaga e soggettiva impressione priva d'ogni valore.

Così il Bertacchi ci dirà che nel *Sabato del villaggio* e nella *Quiete dopo la tempesta* «il poeta ha compromesso il filosofo versandoci con troppa pienezza (?) nel cuore tutta la poesia soave, tutta l'ondata di vita che trabocca dalle ore descritteci».[17] Che, come giudizio, è un errore, perché tutta quella poesia traboccante è l'incarnazione dell'idea stessa del filosofo, che nel *Sabato* non si esibisce già nella sentenza finale («Questo di sette è il più gradito giorno, Pien di speme e di gioia; Diman tristezza e noia Recheran l'ore»), ma vive in tutta la rappresentazione precedente: dove tutta la gioia è la gioia d'una speranza guardata coi mesti occhi della provata delusione: è la soavità della fanciullezza ma non quale la sente il fanciullo, bensì come la

---

[17] *O. c.*, p. 10.

rimpiange l'uomo già esperto della vita, in cui ad una ad una si son dileguate le speranze lusingatrici della prima età. E bisogna non vedere questa pietosa malinconia, che prorompe da ultimo, ma s'annunzia già dalla malinconica donzelletta tornante dalla fatica dei campi sul calar del sole, cioè chiudere gli occhi su tutta la poesia, per parlare d'un dualismo tra poeta e filosofo, e d'un poeta che prende la mano al filosofo.

Altro esempio. «L'idillio *Alla Luna* e l'altro *La vita solitaria*..., pur movendo da uno stato di tristezza, lasciano tanto agio alle malie naturali, da non permettere a quella di farsi vero dolore, la mantengono in una sospensione fluttuante, nella quale diresti che il poeta sia perplesso sul proprio stato».[18] Ora, il breve idillio *Alla luna* non fluttua punto, ma esprime nettissimamente il piacere della ricordanza sia pur nel noverare l'età del proprio dolore: il grato «rimembrar delle passate cose, ancor che triste, e che l'affanno duri». E la *Vita solitaria* fluttua soltanto agli occhi di chi non vegga l'unità e la sintesi che ne è tema (nell'anima, s'intende, del poeta, e quindi in ogni parte della sua poesia) tra la fresca e solenne bellezza della natura e il sospirante solingo muto, che non trova in essa pietà («E tu pur volgi Dai miseri lo sguardo; e tu, sdegnando le sciagure e gli affanni, alla reina Felicità servi, o natura»).

Ma in tutto il volumetto non si trova una pagina in cui propriamente il Bertacchi affisi la poesia del Leopardi invece di vagare nei suoi cari sensi ulteriori. Dei quali a volte sente come il bisogno di scusarsi; dicendo per esempio delle *Ricordanze* che, dopo avere sentito col poeta, «poi è naturale, è umano che noi, da parte nostra, riviviamo tutti quei sensi di vita che, sia pure a cagione di rimpianto, quivi il poeta rievoca: che essi nell'anima nostra, non afflitta da quelle cagioni, lascino pure qualcosa della originaria dolcezza: è umano che

le stelle dell'Orsa e le lucciole del giardino e il canto della rana remota e i viali odorati e i cipressi e il chiaror delle nevi si aggiungano,
come sorte da noi, alle sensazioni già nostre, ai retaggi dell'essere
nostro».[19] Umano, troppo umano, certamente. Ma che lavoro sarà
questo?

Sarà poesia sulla poesia? Dovrebbe essere. Ma la poesia, per dir la
verità, non so vederla nella prosa agghindata, saltellante e retorica-
mente sonante del Bertacchi. «Ma il dono che G. Leopardi fece a se
stesso ed a noi, godendo e mettendoci a parte di tante scene serene,
non è il significato maggiore della complessa sua opera, cede, per
importanza, alla virtù ivi profusa di vivere della natura e di comuni-
care con essa, quali ne siano gli aspetti, quali ne siano gli effetti».
«Corrispondenza tra la natura e lui, che era in se stessa, per lui, elemento e alimento di vita». «Quelle mitologie che, sia pure fingendo
e trasfigurando, ci definiscono innanzi la visione delle cose, non le
sgombrano forse di quell'aura d'arcano e di vago che è tanto cara al
poeta, conforme all'inconscio e all'ignoto onde è come infusa ed effu-
sa la fanciullezza dei singoli, la giovinezza dei popoli». «Momenti e
motivi reali, più che di pura idea, sono que' tocchi ed accenni di cui
venimmo parlando; son temi di canto, perché ci son dati da tale che
tutto era uso ad avvolgere in aura di poesia.... i temi son temi e temi
che, comunque, ci attestano come la stessa malia delle sensazioni infinite fosse cagione per lui a meglio indugiar sulle cose ed a sorpren-
derle meglio ne' loro attimi sacri».[20]

Né sarà poesia la ritmica prosa, in cui il Bertacchi ama troppo spesso cullarsi per pagine e pagine, dove forse i sensi ulteriori gli soccor-
rono più lenti alla fantasia. Ecco, per un esempio, la chiusa d'un capitolo:[21] «Come *Saffo* e *Bruto*, pur la *Ginestra* e il *Pastor*, le grandi liri-

---

[19] *O. c.*, p. 12.
[20] *O. c.*, pp. 31, 39, 2, 128.
[21] *O. c.*, p. 108.

che sorelle nate dalle notti d'Italia, aggiungono alle notti medesime qualcosa che prima non c'era. Molti di noi certamente, in qualche grande ora dell'anima, guardando i cieli notturni, sentirono ripioversi in cuore un'eco di quei canti stellati, e ripensando al poeta congiunto da quei canti a quei cieli, ridissero a se medesimi: — Egli è passato di là». Squarci, dunque, di eloquenza, anzi di oratoria ritmica; alla quale potranno non mancare gli ammiratori; ma in cui non direi che sia ricreato il Leopardi. Proprio il Leopardi! Meglio, molto meglio che quest'oratoria si volgesse a qualche altro tema di risonanze ulteriori: per esempio a un Cavallotti.

# II

# INTRODUZIONE A LEOPARDI

Prolusione al Corso di letture leopardiane che il Comitato della Dante Alighieri di Macerata istituì nel 1927 presso quella Università; nella cui Aula Magna questo discorso venne pronunziato il 13 febbraio '27; quindi pubblicato nella *Nuova Antologia* del 1° novembre '27.

# I.

A inaugurare oggi in Italia un corso perpetuo di letture leopardiane c'è da essere assaliti da un certo sgomento, per la responsabilità che si assume. E ciò per un doppio motivo. L'uno, il più ovvio, è che il Leopardi si rappresenta generalmente come un maestro di pessimismo; ed alzare una cattedra a illustrazione del suo pensiero e della sua poesia può parere perciò tutt'altro che opportuno in un paese che ha bisogno di reagire a vecchie e radicate tradizioni d'indifferentismo e scetticismo e di allargare il petto ad energici sentimenti di fiducia nelle proprie forze e ad alte convinzioni di fede nella vita che è chiamato a vivere. Oggi sopra tutto, che il popolo italiano è raccolto nella coscienza di grandi doveri da assolvere e nel senso della necessità di rifare nella disciplina, nel lavoro, negli ordinamenti civili, nella educazione della gioventù a maschi propositi e metodi di vita l'antica fibra del carattere nazionale. E sarebbe questo il momento di diffondere nei giovani e nel popolo gli ammaestramenti pessimistici del poeta, la cui poesia non si gusta senza sentire con lui tutta la miseria di questa vita e l'inanità d'ogni sforzo che si faccia per medicarla?

Motivo grave di esitazione e titubanza; ma che, lo confesso, non turba tanto l'animo mio quanto l'altro che vi si aggiunge a far temere un pericolo nella istituzione che oggi si inaugura. Giacché chi abbia anche una elementare conoscenza della poesia leopardiana, sa bene che il suo pessimismo non ha mai fiaccato, anzi ha rinvigorito gli animi; e lungi dallo spegnere, ha infiammato nei cuori la fede nella vita, nella virtù e negl'ideali che fanno degna e feconda la vita umana degl'individui e dei popoli. Ma il più preoccupante sospetto è che Leopardi, come già altri poeti e sopra tutto Dante, argomento di letture pel pubblico, diventi anche lui materia di quel malfamato genere letterario che troppo è stato coltivato negli ultimi tempi dagl'Italiani, e che dicesi delle «conferenze»: genere che vorremmo avesse fatto il suo tempo, e potesse ormai relegarsi tra le smesse abitudini dell'anteguerra. Giacché bisogna che gl'Italiani si persuadano che, se si vuol far davvero, e stare tra le grandi Potenze, ed essere un popolo vivo, serio, temibile, realmente concorrente con gli altri popoli che sono alla testa della civiltà nel dominio del mondo materiale e morale, bisogna romperla col passato. Dico col passato dell'accademia e della «letteratura», dei sonetti e delle cicalate, degli eleganti ozi e trattenimenti per dame e colti signori in cerca di onesti passatempi, più o meno noiosi: in cui ogni argomento era buono purché leggermente, discretamente, spiritosamente trattato, o agitato con oratoria adatta a mover gli affetti e guadagnare gli applausi; ma in cui né dicitore mai, né ascoltatori debbano sentirsi impegnati, pel solo fatto di parlare o di ascoltare, a sentire seriamente, schiettamente, con tutta l'anima, e a pensare, a trarre da quel che si dice o si applaudisce, conseguenze che siano norme di condotta e quasi cambiali che prima o poi scadranno e si dovranno scontare. La conferenza, si sa, non è un discorso da comizio, in cui oratore e pubblico, in buona fede, e anche in mala fede, compiono un'azione e si preparano a compierne altre; e non vuol essere una predica, che debba edificare un uditorio di fedeli. L'ideale è che nessuno vi sbadigli ma neppure vi s'interessi troppo; nessuno vi si riscaldi; e a trattenimento finito, ognuno se ne torni a casa con lo stesso animo — vuoto — con cui è venuto alla conferenza.

Ideale vecchio per gl'Italiani. Sorse e si sviluppò durante il

Rinascimento, quando dall'umanista venne fuori il letterato, e nacquero, fungaia che si estese rapidamente per tutto il suolo del bel Paese, tutte quelle accademie dai nomi strani e burleschi che attestavano essi stessi la frivolezza dei propositi e la spensieratezza degli studiosi perditempo che vi si riunivano; accademie, che pullularono in tutte le città e borghi d'Italia dalla metà del Cinquecento in poi, e di cui molte ancora resistono al sorriso, al sarcasmo e al fastidio degli spiriti moderni e alla storia, e vivacchiano oscuramente sul margine dei bilanci dello Stato nelle provincie e anche nelle maggiori città ricche di tradizioni letterarie, a danno delle istituzioni più utili e più serie. All'ombra delle accademie vegetò tutta la vecchia cultura italiana, esanime e priva d'un profondo contenuto e interesse religioso, morale, filosofico, umano: poesia senza ispirazione, filosofia alla moda, erudizione per l'erudizione, scienza per la scienza, nessuna passione, né anche nella letteratura politica, che legasse il pensiero alla persona e la persona al suo pensiero. Una repubblica delle lettere, in cui l'uomo non era cittadino della sua patria, né padre della sua famiglia, né credente della sua religione, ma puro spirito innamorato di astratte forme, senza attinenza con la pratica della vita e con la realtà degl'interessi personali. Cultura intellettualistica, di cervelli magari pieni zeppi di notizie peregrine e di squisite nozioni e raffinatezze di arte, ma senz'anima, senza cuore, senza né odi né amori. Cultura estranea alla vita: che era poi vita senza cultura, cioè senza riflessione e senza idealità: la vita degli uomini proni alla frivolità e agl'interessi particolari, chiusi ad ogni alto e generoso sentimento e ad ogni idea la cui attuazione richiedesse fatica e sforzo.

Chi non conosce queste debolezze dello spirito italiano nei secoli della decadenza? Chi non sa che l'Italia è risorta tra le nazioni quando s'è vergognata di quella cultura e di quella letteratura, e con Parini ed Alfieri ha cominciato a sentire che il poeta dev'essere pur uomo, e che poesia, come ogni altra forma d'ingegno, vuol dire pure volontà, carattere, umanità? Chi non sa che pur dopo la miracolosa risurrezione di quest'attesa fra le genti, come fu detta l'Italia, si sentì che essa sarebbe stata una creazione effimera ed insignificante senza gli Italiani? Cioè senza Italiani che cominciassero a unire e a fondere insieme quel che avevan sempre diviso, l'intelligenza e la volontà, la letteratura e la vita, la scienza e gl'interessi concreti e attuali dell'uomo, facendola finita per sempre con l'accademismo e con la rettorica e con tutta la vecchia sapienza scettica dell'«altro è il dire e altro è il fare», per cominciare a prender sul serio tutto, a lavorare tenacemente, a sentire come proprio l'interesse comune, a stringere la propria sorte a quella della patria, a sentirla perciò questa patria come intima a sé e tale da meritare che per lei si viva e che per lei si muoia? Chi non sa che la vecchia Italia rifatta di fuori si doveva pur rifare di dentro?

Questa almeno l'aspirazione del Risorgimento. Ma venuto meno lo slancio morale di quell'età eroica, tale aspirazione si attenuò e fu meno sentita; e nei riposati tempi di pace e di raccoglimento succeduti al periodo agitato della rivoluzione e della formazione del Regno, certi vecchi spiriti dell'anima italiana tornarono a galla; nel rifiorire della cultura (che certamente molto s'avvantaggiò di quei decennii ultimi del secolo scorso, in cui l'Italia parve godersi le prospere condizioni acquistate con l'unità) risorse con gioia l'antico gusto idillico e arcadico della letteratura, della cultura intellettualistica ed elegante; e da Firenze, centro di questa rifioritura letteraria, fecero epoca le conferenze prima sulla vita italiana e poi sulla *Divina Commedia*. L'esempio fu imitato in tutte le principali città, e i conferenzieri più brillanti e celebrati viaggiavano da una tribuna all'altra recando in giro le loro arguzie, i loro motti ed aneddoti, le loro pagine patetiche e scintillanti, a gran diletto, si diceva, del loro pubblico di dilettanti di cultura a buon mercato. Perché a certe conferenze, con certi nomi, di dire che l'ora è lunga a passare pochi hanno il coraggio.

Leopardi non può esser materia di conferenze! Vi si ribella la pudica delicatezza della sua anima sensibilissima, che cerca i luoghi solinghi e i silenzi della notte dove il suo canto possa spandersi in una religiosa elevazione di tutto il cuore verso l'eterno e l'infinito; dove il pastore possa interrogare la luna, e l'uomo stare a fronte della natura, e ragionare tra sé e sé de' più gelosi segreti del suo cuore. Vi si ribella la religiosa austerità del suo spirito tormentato dal mistero del dolore universale. Non amerebbe egli, schivo com'era e orgoglioso della sua solitaria grandezza, mostrarsi al pubblico e far suonare la sua voce esile e tremante di commozione in mezzo a un numeroso uditorio distratto e proclive a mondani pensieri e a cure di frivola oziosità o di vanità letteraria.

No, quanti amano il Poeta, non tollereranno che anche Leopardi venga alle mani dei pedanti, dei letterati, dei conferenzieri; e che ei diventi materia e pretesto di vane esercitazioni onde gli animi si alienino dai problemi che fanno pensoso ogni uomo che viva e rifletta sulla sua vita con vigilante coscienza morale. E io inizio questo corso formulando il voto e, per quanto è da me, fermando il programma, che qui sia sempre vivo e presente il Leopardi poeta, che è il Leopardi degli uomini, e non il Leopardi dei letterati, degli accademici, dei curiosi, dei pettegoli e dei perditempo.

## II.

Giacché Giacomo Leopardi fu anche un erudito appassionatissimo; anzi, ricorderete, si rovinò la complessione e si precluse la via a ogni godimento della vita per la furia con cui nella età più giovanile si gettò sugli studi per puro amore di sapere. Per molti anni aspirò, finché la perduta salute e la vista indebolita non gli ebbero create difficoltà insormontabili, ad essere un filologo consumato. Delle questioni letterarie, un tempo delizia degli accademici, fu anche lui studiosissimo, ancorché ironicamente guardasse dall'alto, per la coscienza che ebbe del suo più squisito gusto e della sua più perfetta dottrina, le accademie italiane antiche e recenti. Ma la sua anima non si chiuse né nella filologia, né nella letteratura. Se ne servì come di strumenti a vedere e sentire più addentro nel proprio animo, e di grado in grado elevarsi alla sua forma di poetare. Egli (e la prova più manifesta è in quel suo diario dello *Zibaldone*) visse sempre raccolto e concentrato in se stesso: osservando la vita, studiando gli uomini, speculando sulla natura e sull'anima umana, indagando i destini dei mortali e le forme onde l'uomo rifrange nel suo cuore e nel suo pensiero la luce di tutte le cose, da cui si vede attorniato. Il suo pensiero è una continua, commossa meditazione su se stesso, in forma che ora rimane un filosofema, ora assurge a fantasma, e vibra e rifulge agli interni occhi trepidanti.

Leopardi, con diversa temperie spirituale e cultura diversissima, è dell'età stessa del Manzoni: figlio di quella nuova Italia che guarda la vita religiosamente, e ne sente il valore e la serietà; profondamente differente da quella anteriore all'Alfieri e al Parini, quando i poeti italiani cominciarono ad accorgersi che nella stessa poesia c'è il vuoto se non c'è tutto l'uomo: l'uomo, che è legato da infiniti vincoli e in tutti gl'istanti della sua vita a una divina realtà, governata da leggi che domano e annientano ogni arbitraria velleità dei singoli; a una realtà, in cui il singolo uomo viene a trovarsi nascendo e da cui si diparte morendo, ma in cui deve inserire e inserisce, con o senza frutto e vantaggio, ogni sua azione, ogni suo gesto, ogni sua parola, ogni suo pensiero o sentimento, durante tutta la vita, dal dì della nascita a quello della morte. Anche Leopardi, razionalista e irrisore di superstizioni e di dommi, è uno spirito profondamente religioso, sempre faccia a faccia del destino: incapace di abbandonarsi a qualsiasi sorta di dilettantismo, e di prendere alla leggiera i problemi della vita. Sul suo viso è sempre un sorriso di austera, solenne mestizia, e si scorge il pacato accoramento dell'uomo che non riesce a distrarsi in vani divertimenti, neppure nel mondo subbiettivo del pensiero e dell'imaginazione: tutto preso dalla considerazione inevitabile del mondo, in cui l'uomo, ed egli in particolare, si sforza di vincere il dolore. Per questa sua costituzionale religiosità Leopardi non fu soltanto un poeta, ma fu anche un filosofo, allo stesso titolo e per la stessa ragione del Manzoni.

## III.

Bisogna intendersi. Se domandate ai filosofi, diciam così, di professione, ai filosofi cioè che tengono a distinguersi dal resto degli uomini, essi vi risponderanno che Leopardi filosofo non fu, non ebbe un sistema; e le idee speculative che si formò per la lettura dei filosofi recenti più affini al suo modo di sentire, non ebbero da lui svolgimento e impronta personale, perché non furono fecondate da una sua speciale ispirazione. Accettò, riecheggiò, ma senza elaborare quel che accettò, senza svilupparlo, ordinarlo e potenziarlo a nuova forma sua propria di verità. In una storia della filosofia ei perciò non può trovar posto; quantunque di lui non si possa non parlare distesamente in un quadro della cultura filosofica della prima metà del secolo passato. In questo senso, d'accordo, Leopardi non fu un filosofo.

Ma c'è un altro senso in cui si deve parlare della filosofia; ed è quello poi per cui la stessa filosofia dei filosofi è una cosa seria, va rispettata, e può interessare tutti gli uomini, e non essere una malinconica fantasticheria di gente che viva fuori del mondo. Ed è quello per cui c'è la filosofia di quelli che inventano nuovi sistemi filosofici; ma c'è anche la filosofia di quelli che, senza inventarne, li cercano questi sistemi nei libri dove sono esposti, e leggono questi libri, li studiano, ne fanno prò, li gustano, han bisogno di farsene nutrimento e forza dello spirito, in cerca di risposta a domande che sorgono spontanee dal fondo della loro anima, insistenti, invincibili, e che essi perciò non saprebbero reprimere e far tacere. Talvolta questi filosofi-lettori sentono il pungolo dei problemi dei filosofi-autori, e fanno perciò ressa intorno a costoro, per averne soddisfazione ai bisogni da cui sono senza tregua assillati. Giacché, insomma, la filosofia, come la poesia, non è privilegio né monopolio dei pochi *quos aequus amavit Iuppiter*; ma è in fondo allo spirito umano, e quindi nell'animo di tutti. Soltanto, c'è chi si distrae e corre e si disperde per le cose e gl'interessi esteriori, senza mai per altro dissiparsi a tal punto nelle esteriorità da non portare in tutto l'accento, per quanto leggiero, della sua personalità; e c'è chi si ripiega e raccoglie in sé, e dentro di sé cerca, trova e coltiva il germe della sua vita e del suo mondo.

In questo senso più largo e fondamentale il Leopardi fu squisitamente filosofo: e stette sempre anche lui con gli occhi intenti, ansiosi, sopra il mistero della vita, quale ad ogni uomo che sente e che pensa esso si presenta in mezzo a tutte le idee quotidiane, di tra il confuso agitarsi delle passioni svariate che gli tumultuano incessantemente nel cuore. Giacché ogni uomo che sente, non può vivere così spensierato e abbandonato all'istinto da non avvertire che la sua vita non scorre tranquilla com'acqua sopra un letto già scavato e terso. Sono sempre ostacoli da superare, bisogni da soddisfare, desiderii non ancora appagati e ondeggianti tra la speranza e il timore; e la gioia offuscata sempre dal dolore, che, vinto, risorge in mezzo allo stesso piacere; e nell'alterna vicenda di vittorie e sconfitte, cadute e risorgimenti, speranze e disinganni, giubilo e scoramento, in fondo, alla fine, uno sparire totale di tutto, un disseccarsi e inaridirsi definitivo della sorgente stessa, a cui l'uomo accosta ad ora ad ora le sue labbra assetate: il nulla, la morte. La morte, che ci atterrisce prima di colpirci, togliendoci per sempre e annientando intorno a noi tante delle nostre persone care, con cui ci era comune la vita, in guisa che la morte loro ci pare la morte di una parte di noi. E che è questa morte? e che questa vita che precipita fatalmente nella morte? Che è questo bisogno di cui viviamo, di non arrenderci a questo fato, che infrange ad una ad una tutte le nostre speranze, disperde tutte le nostre gioie, ci priva di tutti i nostri beni, ci chiude dentro mille ostacoli, ci combatte, c'insegue, ci sbarra la via, e non ci concede tregua finché non ci abbatta per sempre? Nascere è entrare in una lotta, che di giorno in giorno richiede sempre nuove e maggiori forze, e una volontà sempre più agguerrita, per vincere una battaglia sempre più aspra. Svegliarsi ogni mattina è, presto o tardi, pronti o lenti, rispondere all'appello delle cose, della natura, del destino, che ci attende, e ci spinge a nuove fatiche per soddisfare i nuovi bisogni che riempiranno tutta la nostra giornata. Per gli uni la vita sarà più facile, o men difficile: ma per tutti è una scala, che bisogna salire; salire sempre; da un gradino all'altro: sempre più su, senza fermarsi mai.

Ma, appena l'uomo che ha un cuore, sente questo affanno e scorge, anche da lungi, la tragedia e la catastrofe, non può non interrogarsi e riflettere se a questa lotta che par destinata a una sconfitta assoluta egli abbia forze sufficienti, o se non sia un'illusione questa per cui egli confida a volta a volta di poter affrontare la lotta stessa, per conquistarsela la sua gioia, e farsi insomma una vita sua, quale ei la vagheggia, libera dai mali la cui minaccia mette in moto la sua attività; e se egli non debba aprire gli occhi, e riconoscersi vittima del giuoco inesorabile della natura, granello di polvere sperduto nel turbine, o ruota di un ingranaggio universale, il cui combinato movimento non s'arresterà né devierà mai, e dentro il quale ogni sforzo di volontà non può essere, esso medesimo, al pari delle idee e dei sentimenti che lo

sollecitano, se non un necessario effetto di una causa necessaria, pre-
determinato ab eterno in eterno. È il mondo, in cui si svolge la nostra
vita, una realtà massiccia, tutta chiusa nella sua natura e nelle sue
leggi, immodificabile, e noi, dentro di esso, tutt'uno con tutte le altre
cose, anche noi mossi dalla forza irresistibile del destino? O siamo noi
veramente capaci di metterci di fronte a questo mondo, modificarlo
con la nostra opera, con la nostra volontà, e al di sopra delle ferree
leggi del meccanismo naturale col nostro amore, con l'impeto del-
l'animo nostro innamorato dell'ideale, instaurare una legge che sia la
norma del bene e di un mondo spirituale dotato di un valore assoluto? E se non fosse possibile questo mondo superiore, in cui il bene si
distingue dal male, e c'è una verità che si oppone all'errore, come si
potrebbe pensare lo stesso mondo inferiore e quella natura spietata
tutta chiusa nel suo meccanismo, la cui affermazione implica che si
ritenga vera? E se a questo mondo superiore, alla cui esistenza occorre l'attività libera dello spirito che sceglie il bene e si apprende alla
verità respingendo il contrario, se ne contrappone un altro che è la
negazione della libertà, come si farà ad ammettere che sia libera la
natura umana, circondata e condizionata da una natura che è l'opposto della libertà?

Pensieri, che il filosofo più esperto mette in formule stringenti, e
scruta a fondo; ma che confusamente, e non perciò meno tormento-
samente, affiorano in ogni umana coscienza, e ora vi gettano lo sgomento, ora v'infondono la fede di cui ogni uomo ha bisogno per non
fermarsi e cadere. Giacché l'uomo non dà un passo senza credere di
poterlo dare; senza pensare che c'è una mèta innanzi a lui da raggiungere, e che quella è la via buona per giungervi. E quando questa convinzione gli manchi, e gli manchi del tutto, allora non gli resta che
rifugiarsi nell'Èrebo, come la misera Saffo. O la fede, o la morte.

Ci sono mezzi termini, ma per gli uomini che pensano e sentono
poco, e perciò si distraggono. Nessuno invece sentì mai così acuta-

mente come il nostro Leopardi: nessuno vi pensò mai con tanta insi-
stenza, e ne trasse espressioni di tanta umanità. Poiché il Leopardi se
fu un filosofo in largo senso, fu poi, viceversa, un poeta in senso stretto. Il che vuol dire, che le sue convinzioni filosofiche non gli rimase-
ro nella testa; ma gli scesero al cuore, e vi si abbarbicarono, e furono
la sua persona, lui stesso, la sua anima, l'immediato sentimento, in
cui vibrò a volta a volta tutto il suo cuore. La sua concezione della
vita, come or ora vedremo, si chiuse in poche idee, ma queste si fuse-
ro e colarono ardenti sulla stessa fiamma della sua passione viva, e
quindi fiammeggiarono in accenti e fantasmi di poesia. La quale questo ha di proprio, a differenza della scienza ragionata e del sapere speculativo: che in questi il pensiero si spersonalizza e si stende in una
tela universale, che ogni intelligenza può sì ritenere, e far sua, e viver-
ne anche, ma elevandosi sopra di sé e quasi uscendo da sé, e median-
dosi, cioè svolgendosi, e quasi aprendo e dilatando il nucleo vivente
della sua individualità, in guisa da parere che non senta più né affetti, né passioni, né gioie, né dolori, assorta nella contemplazione del
suo oggetto. Laddove la poesia, lungi dall'alienare da sé il soggetto, lo
stringe a se stesso, e lo fa vedere immediatamente così come esso è,
dentro di se medesimo, chiuso nel suo sentire, fremente nel brivido
della sua subbiettiva interiorità, nel suo essere e nel suo atteggiamento non ancora mediato, sviluppato, riflesso, ragionato e disindividua-
to. Lo scienziato cerca e trova la verità che è di tutti, astrattamente
obbiettiva, in guisa che non par più né anche spettacolo di occhi
umani od oggetto conformato alla mente che lo pensa; e il poeta invece non cerca e non trova se non se stesso: l'amore o qual'altra passione gli detta dentro le parole in cui egli si esprime.

   In questa immediatezza, spontaneità e quasi naturalità dello spirito
poetico è il segreto della miracolosa potenza della poesia, raffigurata
dagli antichi nella virtù incantatrice della lira di Orfeo, che traeva a
sé e trascinava non pure gli uomini che riflettono, ma le fiere che solo

sentono. Perciò la poesia, quantunque richieda anch'essa cultura e finezza spirituale, risultato di studio e di educazione, s'appiglia al cuore dei semplici e delle moltitudini, invade gli animi, conquide e trae seco non per virtù di persuasivi e irresistibili raziocinii, ma, appunto, d'un tratto, immediatamente, quasi per divino miracolo. Perciò l'efficacia e la virtù diffusiva dell'arte è senza paragone superiore a quella della filosofia.

Perciò quella filosofia, che fu nel Leopardi sentimento e diventò sublime poesia, ha una potenza infinitamente maggiore di qualunque più sistematica filosofia; e se si chiudesse nel gretto circolo di una concezione pessimistica della vita, non sarebbe, a dir vero, prudente accorgimento di educatori del popolo italiano erigere qui una cattedra a commento ed esaltazione di essa. I filosofi, per raggiungere la loro verità, devono salire l'erta faticosa del monte; e giunti alla cima, vi restano per solito in una solitudine magnanima, anche a malgrado della moltitudine che dal basso sogguarda e sogghigna. I poeti si traggono dietro il popolo, toccandone il cuore anche lievemente, con quella loro arte che «tutto fa, nulla si scopre». Il Leopardi è tra essi; ma materia del suo canto è la sua filosofia.

## IV.

E qual è dunque il contenuto di questa sua filosofia? Quello che abbiamo già detto dei problemi filosofici, che spontaneamente sorgono dal fondo del pensiero umano, ci apre la via a chiarire le idee che furono la vita intellettuale e sentimentale del nostro Poeta. Il quale su quei problemi martellò il suo pensiero; e di quei problemi vagheggiò soluzioni, che scossero profondamente il suo animo. E sono i proble-

mi fondamentali o massimi della filosofia: che è pensiero umano deri-
vante dal bisogno di assicurare all'uomo la fede che gli è indispensa-
bile per vivere: la fede nella propria libertà; ossia nella possibilità che
egli ha, e deve avere, di esercitare un suo giudizio, di conoscere una
verità, di agire, e farsi un suo mondo, conforme cioè alle sue aspirazioni e a' suoi ideali e non dibattersi vanamente in una rete di illusioni e di sforzi infecondi. Bisogno, rispetto al quale ogni filosofia materialistica, evidentemente, è una filosofia fallita; la quale, logicamente,
se l'uomo non si risolvesse da ultimo a non lasciarsi più guidare dalla
logica e ad abbandonarsi all'istinto, dovrebbe condurre l'uomo, come
ho detto, al suicidio.

Ora Giacomo Leopardi, ogni volta che si trovò a fare di proposito
una professione di fede, fu esplicito nel manifestare la sua adesione
alla filosofia sensualistica e materialistica del secolo XVIII; e il
*Frammento apocrifo di Stratone di Lampsaco*, inserito nelle *Operette
morali*, è una dichiarazione del suo proprio pensiero, quale, per altro,
si ripercuote in una buona metà de' suoi scritti in prosa e in verso.
Poiché da per tutto egli si vede innanzi quella natura simbolicamen-
te rappresentata nel *Dialogo della Natura e di un Islandese*; la quale
non sa e non si cura dei desiderii né delle sofferenze umane; natura
grande, enorme, infinita, la quale racchiude in sé tutto, e non conosce perciò l'uomo che pretende di contrapporsele, di deviarla dal suo
corso, piegarla alle proprie tendenze, conformarla a quei fantasmi di
una vita bella ideale, che egli si finge e pretende di far valere in con-
correnza della dura, quadrata realtà che lo fronteggia. Questa perciò,
conosciuta che sia, spezza ogni umana velleità, e aggioga l'uomo al
dominio universale delle leggi di natura: dove non c'è bene né male,
ma tutto è necessario, tutto accade perché, data la causa che lo determina, non può non accadere; e la stessa necessità ha ogni umano pensiero o volere, che non deriva da un principio autonomo, che si faccia centro di una vita superiore e indipendente, avente in sé la propria

misura, ma è effetto del generale meccanismo, che si abbatte sulla così detta anima umana attraverso le sensazioni e gli appetiti che queste producono.

Filosofia materialistica, dunque. Ma è questa, in conclusione, la filosofia del Leopardi? Io vi invito a riflettere che c'è due modi di giungere a conclusioni materialistiche: uno proprio degli spiriti poco sensibili, che, raggiunte quelle conclusioni, vi si rassegnano: le trovano inevitabili, e si fanno un dovere, il cui adempimento non costa a loro grande fatica, di accettarle senza reazione di sorta; e l'altro invece proprio di quegli altri, che se non trovano la via di affrancarsene, e scoprirne l'errore e la manchevolezza, ne soffrono, e vi reagiscono contro, e vi si ribellano con tutta la forza del loro sentimento, che è come dire della loro stessa personalità. I secondi non riescono ad affisarsi tanto nella visione di quella natura che è opposta alle esigenze morali proprie dell'uomo, da restarvi come assorbiti, dimenticandosi affatto di queste esigenze, e cioè della lor propria natura. Il loro tormento, la loro angoscia nasce appunto da questo stridente contrasto, di cui essi infine vengono a fare l'esperienza, e a vivere. La realtà finale, al cui cospetto vengono a trovarsi, non è una sola, ma duplice: da una parte, la natura disumana, in cui tutte le luci onde s'illumina la via dello spirito si spengono; e dall'altra, questa realtà fiammeggiante e splendida, che arde dentro di loro, e alla cui luce, infine, essi comunque guardano e vedono la prima. Giacché anche questa è oggetto di una affermazione, in cui lo spirito umano manifesta la fede che ha nelle proprie forze e nella propria capacità di distinguere il vero dal falso, e di appigliarsi al primo in quanto esso è opposto al secondo. La realtà che è lì di fronte allo spirito, è sì quella realtà naturale, materiale, meccanica, chiusa e impervia ad ogni idealità, inconciliabile con qualsiasi concetto di libertà; ma il contrapporsi di essa allo spirito importa pure l'opporsi dello spirito ad essa: dello spirito, che è una realtà dotata di attributi contrari a quelli con cui vien pensata l'altra. E per ammettere questa, bisogna ammettere prima quella; senza la quale mancherebbe lo stesso pensiero, a cui si chiede tale ammissione. E chi dice pensiero, dice libertà. Dunque? Siamo liberi? Possiamo cioè col nostro pensiero, con la nostra volontà, crearci il mondo che ci sorride alle menti innamorate; il mondo della verità, delle cose belle e buone, a cui il nostro cuore tende con irresistibile slancio? E come spiegar l'ali, onde noi vorremmo innalzarci nel libero cielo dell'ideale, se esse urtano sul muro di bronzo di questa materiale natura, che ci attornia e stringe da tutte le parti, dalla nascita alla morte?

Ecco l'esperienza del Leopardi, ecco la sua filosofia, che è molto più complessa del semplicismo materialistico; ed essa è il reale contenuto della poesia leopardiana: quella filosofia fatta sentimento e persona, che ho detto esser materia al canto del Poeta recanatese. Il quale non si rassegna alla pura affermazione materialistica, perché la ricca e sensibilissima vita morale che gli riempie il cuore, è la negazione del materialismo; e poi perché egli è un poeta, e come ogni poeta crede nel suo mondo, lo prende sul serio; e questo suo mondo è la prova più luminosa della sua capacità creatrice e della sua libertà.

Si consideri che questo è uno dei caratteri principali dell'arte: che laddove l'uomo pratico, lo scienziato, l'uomo religioso, lo stesso filosofo può sentirsi legato a una realtà che preesiste alla sua azione, alla sua ricerca scientifica, alla sua preghiera o alla sua speculazione, che è in sé quello che è, con le sue leggi, a cui l'uomo deve arrendersi e subordinarsi, l'artista crea il suo mondo e, prescindendo nella sua fantasia dalla realtà preesistente, celebra la sua assoluta libertà, arbitro della nuova realtà che egli si finge, e in cui vive, e si aliena dal mondo naturale dell'uomo comune e della sua stessa vita ordinaria: sì che il suo sogno diventa a lui cosa salda, e si slarga a orizzonti infiniti, e gli fa sentire il gusto dell'eterno e del divino. La poesia del Leopardi ribocca e freme di trepidante tenerezza per le vaghe immagini figlie dell'arte sua: per quelle dolci parvenze che un po' gli sorridono e poi, a un tratto, lo abbandonano rapite via dalla corrente di quella disumana realtà, che ignora il dolore che essa cagiona ai cuori teneri e gentili. E insieme con le immagini belle, gli arridono tutte quelle che una volta egli dice le «beate larve», familiari agli uomini non ancora giunti alla conoscenza del tristo vero, ossia non ancora spinti dalla malsana riflessione alla disperazione di quella mezza filosofia, che è il materialismo: le beate larve, che allietano e confortano la vita agli uomini, nelle antiche età, e nei primi anni della fanciullezza e della gioventù quando non ancora si sono appressate le labbra all'amaro calice della vita; e nelle prime ore del mattino, quando incomincia il giorno e l'uomo non ha riassaporato per anco la realtà, e se ne foggia con l'immaginazione una che lo anima e alletta alla nuova fatica. Le beate larve delle illusioni naturali e necessarie: di tutte, cioè, le idee che formano il pregio della vita, e che quella filosofia materialistica non potrà giustificare come dotate di un legittimo fondamento, e pur non potrà sradicare dallo spirito umano.

Perché illusione la virtù? Perché illusione ogni idea onde ebbe pregio il mondo? Perché la vita che noi conosciamo, risponde il Leopardi, ne è la negazione. Ricordate il dialoghetto *di un venditore d'almanacchi e di un passeggere*? L'almanacco promette per l'anno nuovo tante cose belle; ma il passeggere è scettico: «quella vita ch'è una cosa bella non è la vita che si conosce, ma quella che non si conosce; non la vita passata, ma la vita futura». La quale però un giorno sarà passata, e allora si conoscerà, e apparirà quale sarà anch'essa, una volta sperimentata; brutta, come tutta la vita passata. Il futuro è il mondo che vi finge lo spirito; il mondo, dice il Leopardi, delle illusioni. Lì è la virtù che vince il male e trionfa; lì è il sacrifizio dell'uomo per l'uomo; lì è l'amore; lì è la fede e l'amicizia; lì è la gioia, ecc. Ma quello non è il mondo reale. Infatti il futuro bisogna che avvenga, e diventi passato. La realtà realizzata, quale noi possiamo averla innanzi a noi, ed effettivamente conoscerla, quella ci disillude, e ci dimostra che la virtù è un nome vano, e che tutte le più vaghe speranze e gl'ideali più cari finiscono nel nulla. Tant' è che l'uomo conchiuda o per condannare come semplici ombre fallaci tutte le illusioni, e dire che la vita non si può governare se non in rapporto al reale, all'esistente, al mondo qual è (che è poi il passato); o per risolversi animosamente a dir no a questo mondo reale (che è il passato senza futuro) e a governarsi con l'occhio all'avvenire, dove lo trae la sua natura di essere pensante, e perciò creatore di ideali e vagheggiatore di una vita superiore a quella puramente naturale. E Leopardi dice questo no con tutta la forza del suo animo, con tutto l'impeto della sua possente poesia. Egli è tutto proteso verso il futuro, verso l'ideale, e torce con coscienza prometeica lo sguardo dalla legge fatale che incatena l'uomo come essere naturale alla ferrata necessità di morte. Egli, *di cedere inesperto*, disprezza il *brutto poter che ascoso a comun danno impera* e *l'infinita vanità del tutto*. Per lui

Nobil natura è quella
Ch'a sollevar s'ardisce
Gli occhi mortali incontra
Al comun fato.

E quanto a sé non cederà certo; e alla morte può dire:

Erta la fronte, armato,
E renitente al fato,
La man che flagellando si colora
Nel mio sangue innocente
Non ricolmar di lode,
Non benedir...
Solo aspettar sereno

Quel dì ch'io pieghi addormentato il volto
Nel tuo virgineo seno.

Egli è conscio dell'invitta potenza dell'anima umana pur nell'estrema miseria. *Vivi*, dice la Natura all'Anima in uno de' suoi dialoghi; *vivi, e sii grande e infelice*. Infelice perché grande; perché sentire la infelicità è solo delle anime grandi, che con la loro gagliarda natura si mettono al di sopra del mondo, che le fa soffrire, e regnano sovrane in quella superiore realtà che è propria dello spirito. Leopardi sa che la grandezza del suo dolore si commisura alla grandezza del suo pensiero che lo sente e analizza e ne fa materia al suo altissimo canto; e che un'anima volgare e torpida non saprebbe provare tutto il dolore del Poeta, che il volgo infatti non intende e irride. Leopardi sa che la coscienza dell'umana miseria è già segno di grandezza. Sa che *ancor che tristo, ha suoi diletti il vero*: che *l'acerbo vero*, a investigarlo, dà un amaro gusto che piace. E poi quando l'anima, disillusa e stanca della vita che non mantiene mai le sue promesse, si riduca infatti all'estremo della infelicità, che non è la disperazione, ma la noia,[1] la morte nella vita, non dolore né piacere, ma il sentimento della nullità, questo terribile privilegio degli uomini, a cui la natura non ha provveduto perché non ha neppur sospettato che l'uomo vi potesse cadere; quella noia che, a simiglianza dell'aria «la quale riempie tutti gl'intervalli degli altri oggetti, e corre subito a stare là donde questi si partono, se altri oggetti non gli rimpiazzino», «corre sempre e immediatamente a riempire tutti i vuoti che lasciano negli animi de' viventi il piacere e il dispiacere»;[2] ebbene, anche allora l'anima non cade, non

---

[1] «La disperazione è molto, ma molto più piacevole della noia. La natura ha provveduto, ha medicato tutti i nostri mali possibili, anche i più crudeli ed estremi, anche la morte, a tutti ha misto del bene, a tutti... fuorché alla noia» (*Zibald.*, IV, 112).

[2] *Zibald.*, IV, 112 e VI, 126.

è vinta. Giacché, secondo Leopardi, «la noia è in qualche modo il più sublime dei sentimenti umani... Il non potere essere soddisfatto da alcuna cosa terrena, né, per dir così, dalla terra intera; considerare l'ampiezza inestimabile dello spazio, il numero e la mole maravigliosa dei mondi, e trovare che tutto è poco e piccino alla capacità dell'animo proprio; immaginarsi il numero dei mondi infinito, e l'universo infinito, e sentire che l'animo e il desiderio nostro sarebbe ancora più grande che sì fatto universo; e sempre accusare le cose d'insufficienza e di nullità, e patire mancamento e vòto, e però noia, pare a me il maggior segno di grandezza e di nobiltà, che si vegga della natura umana. Perciò la noia è poco nota agli uomini di nessun momento, e pochissimo o nulla agli altri animali».[3]

## V.

Su tutte le delusioni, su tutti i dolori, su tutte le miserie, al di sopra della mole sterminata di quest'universo, in cui s'infrangono tutte le speranze e si spengono tutti gl'ideali, l'infinità dello spirito. Quindi la libertà, quindi la possibilità di crearsi una vita superiore degna delle più nobili aspirazioni connaturate all'animo umano. Anche pel Leopardi, poca scienza pregiudica e mortifica, ma molta scienza ravviva e ringagliardisce la fede di cui l'uomo ha bisogno per vivere. E questa natura, che la mezza filosofia del materialista ci rappresenta *in voler matrigna*, è pur quella natura che mette nell'animo nostro le illusioni; e se non sopravvenga la riflessione e l'opera dell'irrequieto ingegno dell'uomo non più contento delle condizioni naturali della

---

[3] *Pensieri*, N. 68.

vita che egli dapprima vive istintivamente, conforta l'uomo con l'amore, con la pietà, con tutti gli affetti gentili che riempiono il cuore di dolci consolazioni e di magnanimi ardimenti. Questa natura che governa l'uomo, madre benigna e pia nell'età dei Patriarchi, nei tempi oscuri e favolosi del genere umano, e risorge amorosa nella prima età di ciascun uomo a infondergli con la virtù del caro immaginare la speranza nel futuro a cui egli va incontro; questa natura, che nell'amore torna sempre a rinverdire le speranze, e che ci fa conoscere una «verità piuttosto che rassomiglianza di beatitudine»; essa torna da capo, quando l'uomo ha tutto conosciuto il tristo vero e vuotato il calice amaro, torna a confortare l'uomo, amica e consolatrice. La natura del materialista è via; ma non è punto di partenza, né punto d'arrivo. Il savio torna fanciullo, e alla fine, come al principio, l'uomo è alla presenza di un mondo il quale non è quello del meccanismo, che tutto travolge e distrugge quanto a lui è più caro, ma quello del pensiero, dello spirito umano, dell'amore, della virtù. Onde ai suggerimenti egoistici della filosofia (nel *Dialogo di Plotino e di Porfirio*) che indurrebbe il filosofo al suicidio, Plotino può rispondere: «*Porgiamo orecchio piuttosto alla natura che alla ragione*»: alla natura primitiva «madre nostra e dell'universo», la quale ci ha infuso un certo *senso dell'animo*, che è amore degli altri e che ferma la mano al suicida ricordandogli la famiglia, gli amici e quanti si dorrebbero della sua morte. Perciò a Porfirio, il filosofo che vorrebbe togliersi la vita, il filosofo più savio, il maestro, Plotino dirà:

> Viviamo, e confortiamoci a vicenda; non ricusiamo di portare quella parte che il destino ci ha stabilita dei mali della nostra specie! Sì bene attendiamo a tenerci compagnia l'un l'altro; e andiamoci incoraggiando e dando mano e soccorso scambievolmente; per compiere nel miglior modo questa fatica della vita.... E quando la morte verrà, allora non ci dorremo: e anche in quell'ultimo tempo gli amici e i compagni ci

conforteranno: e ci rallegrerà il pensiero che, poi che saremo spenti, così
molte volte ci ricorderanno, e ci ameranno ancora.

Perciò il De Sanctis,[4] paragonando Schopenhauer a Leopardi, nota-
va questo grande divario tra il filosofo tedesco e il poeta italiano: che
questi quanto più mette in luce il deserto desolante e disamabile della
vita, tanto più ce la fa amare; quanto più dichiara illusione la virtù,
tanto più ce ne accende vivo nel petto il desiderio e il bisogno. Perciò
la lettura del Leopardi non sarà mai pericolosa, anzi salutare e corro-
borante a chi saprà leggergli nel fondo dell'anima. E di lui può dirsi
che preso per metà è il più nero dei pessimisti; preso tutto intero, è
uno dei più sani e vigorosi ottimisti,[5] che ci possano apprendere il
segreto della vita operosa e feconda.

La morte, anche la morte, il simbolo della fatalità avversa che oppri-
me ogni sforzo umano, e che pare minacci sempre da lungi e ammo-
nisca della inanità d'ogni speranza e d'ogni fatica, e della nullità della
vita acui ci sentiamo tutti legati, la stessa morte al Poeta, nella maturità piena della sua poesia, quando il suo animo ha più nettamente
ravvisato e sentito nel profondo la sua verità, e quasi toccato il fondo
di se stesso, diventa germana di Amore, che è pel Leopardi, come s'è
veduto, ciò che dà verità più che rassomiglianza di beatitudine.

> Fratelli, a un tempo stesso, Amore e Morte
> Ingenerò la sorte.
> Cose quaggiù sì belle
> Altre il mondo non ha, non han le stelle.

---

[4] Cfr. sopra, p. 54.

[5] Non vedo che abbia attirata l'attenzione della critica, come merita, uno studio recente del
prof. CIRILLO BERARDI, *Ottimismo leopardiano*, Treviso, Longo e Zoppelli, 1925.

Morte diviene una bellissima fanciulla, dolce a vedere; e gode
accompagnar sovente Amore:

> E sorvolano insiem la via mortale,
> Primi conforti d'ogni saggio core.

Il Poeta sente che

> Quando novellamente
> Nasce nel cor profondo
> Un amoroso affetto,
> Languido e stanco insiem con esso in petto
> Un desiderio di morir si sente:
> Come, non so: ma tale
> D'amor vero e possente è il primo effetto.

Il Poeta vuol rendersi ragione di questa coincidenza, e non vi riesce. Ma ben sente che quando si ama, non ha più valore la vita naturale dell'individuo chiuso nei suoi limiti, di là dai quali spazia quel-
l'infinita natura che fiacca ogni umana possa. Che anzi l'individuo
per l'amore scopre che la sua vera vita è di là da questi limiti; e che
bisogna ch'egli perciò muoia a se medesimo, e spezzi l'involucro della
sua individualità naturale, centro di ogni egoismo, per attingere la
vera vita. Perciò la morte *ogni gran dolore, ogni gran male annulla.*
Perciò la morte è liberatrice, affrancando lo spirito umano dai vincoli onde ogni uomo è da natura incatenato a se medesimo, chiuso in
sé, in mezzo agli altri esseri e forze naturali, incapace di libertà e di
virtù. Amare è redimersi, entrare nel mondo morale, che è il mondo
della libertà.

Questo il concetto che il Poeta sentì e visse: questa la materia del
suo canto. Formiamo oggi l'augurio, che attraverso il corso di queste

letture, che inauguriamo, tale concetto apparisca in luce sempre più chiara.

# III

# LE OPERETTE MORALI

Pubblicato la prima volta negli *Annali delle Università toscane* (Pisa, 1916) e come proemio alla edizione con note delle *Operette morali* di G. L., da me curata, Bologna, Zanichelli, 1918; 2ª ed. 1925.

# I.

Se si volesse considerare le *Operette morali* come una raccolta delle varie parti, in cui il libro è diviso, sarebbe tutt'altro che agevole stabilirne la cronologia. Certo, non sarebbe consentito di starsene alle indicazioni fornite con perentoria precisione dallo stesso autore innanzi alla terza edizione iniziata a Napoli nel 1834. «Queste *Operette*», egli diceva, «composte nel 1824, pubblicate la prima volta a Milano nel 1827, ristampate in Firenze nel 1834 coll'aggiunta del *Dialogo di un Venditore di almanacchi e di un Passeggere*, e di quello di *Tristano e di un Amico*, composti nel 1832; tornano ora alla luce ricorrette notabilmente, ed accresciute del *Frammento apocrifo di Stratone da Lampsaco* scritto nel 1825, del *Copernico* e del *Dialogo di Plotino e di Porfirio*, composti nel 1827».[1] Intanto, non tutte le *Operette* furono pubblicate la prima volta a Milano nel '27; giacché tre di esse, come «primo saggio», avevano visto la luce a Firenze nel gennaio 1826, nell'*Antologia*,[2] e quell'anno stesso erano state riprodotte a Milano nel *Nuovo Ricoglitore*. Ed è pur vero che tutte le *Operette*, ad eccezione di quelle che nella notizia testè riferita sono assegnate dall'autore al '25, al '27 e al '32, furon composte nel 1824; perché l'autografo originale, che è tra

---

[1] *Scritti letterari*, ed. Mestica, II, 386; cfr. p. 388.

[2] N. 61, pp. 25-43.

le carte leopardiane della Biblioteca Nazionale di Napoli, ce ne fa sicura testimonianza con le date apposte alle operette singole, e tutte correnti dal 19 gennaio al 13 dicembre di quell'anno.[3] Ma si dovrebbe pure distinguere il tempo in cui ciascuno scritto fu steso, da quello in cui prima fu concepito, o ne cadde il motivo fondamentale e inspiratore nell'animo del Leopardi. Giacché con qual fondamento si toglierebbe l'una o l'altra delle *Operette* a documento di quel periodo spirituale che si suole infatti attribuire agli anni tra il canto *Alla sua donna* (settembre 1823) con i *Frammenti* dal greco di Simonide (appartenenti probabilmente a quello stesso tempo), e l'epistola *Al Conte Carlo Pepoli* (marzo 1826), o *Il Risorgimento* (aprile 1828), se quei pensieri che sono caratteristici delle *Operette* risalgono ad epoca più remota? Fu già osservato[4] che negli *Abbozzi e appunti per opere da comporre,* che sono fra le carte napoletane, «scritti in piccoli foglietti staccati senza indicazione di tempo»,[5] è segnato un «Dialogo della natura e dell'uomo, sul proposito di quella parlata della natura, all'uomo, che Volney le mette in bocca nelle *Ruines* sulla fine, o vero nel *Catéchisme*»;[6] dialogo, che si trova nelle *Operette* col titolo di *Dialogo della Natura e di un'Anima*; il quale, dunque, al tempo di quell'appun-

---

[3] Ecco le singole date, già in parte pubblicate dal Chiarini, *Vita di G. Leopardi*, Firenze, Barbèra, 1905, pp. 237-38 (cfr. p. 222) e da me riscontrate tutte sul manoscritto autografo (che si conserva tra le Carte della Biblioteca Nazionale di Napoli): *Storia del genere umano* (18 gennaio-7 febbraio 1824); *Dialogo d'Ercole e di Atlante* (10-13 febbraio); *Dialogo della Moda e della Morte* (15-18 febbraio); *Proposta di premi* (22-25 febbraio); *Dialogo di un Lettore di umanità e di Sallustio* (26-27 febbraio); *Dialogo di un Folletto e di uno Gnomo* (2-6 marzo); *Dialogo di Malambruno e di Farfarello* (1-3 aprile); *Dialogo della Natura e di un'Anima* (9-14 aprile); *Dialogo della Terra e della Luna* (24-28 aprile); *La scommessa di Prometeo* (30 aprile-8 maggio); *Dialogo di un Fisico e di un Metafisico* (14-19 maggio); *Dialogo della Natura e di un Islandese* (21-27-30 maggio); *Dialogo di Torquato Tasso e del suo Genio familiare* (1-10 giugno); *Dialogo di Timandro e di Eleandro* (14-24 giugno); *Il Parini, ovvero della gloria* (6 luglio-13 agosto); *Dialogo di Federico Ruysch e delle sue Mummie* (16-23 agosto); *Detti memorabili di Filippo Ottonieri* (29 agosto-26 settembre; e precisamente il cap. II ha la data del 3 settembre; il III, 9 settembre; il IV, 14 settembre; il V, 21 settembre; il VI, 24 settembre; il VII, 25 settembre); *Dialogo di Cristoforo Colombo e di Pietro Gutierrez* (19-25 ottobre); *Elogio degli Uccelli* (25 otto-

to non era scritto. Pure nello stesso foglietto, segue un «Trattatello degli errori popolari degli antichi Greci e Romani» (che non può essere la stessa cosa del *Saggio*), e quindi subito dopo: «Comento e riflessioni sopra diversi luoghi di diversi autori, sull'andare di quelle ch'io fo in un capitolo del F. Ottonieri»; ossia nel penultimo capitolo dei *Detti memorabili*, che è delle ultime operette del '24. Ora, se questi appunti sono pertanto da ascrivere ad epoca posteriore a tale data, in qual modo spiegarsi che del suo *Dialogo della Natura e di un'Anima* l'autore parlasse come di opera da comporre? O egli non aveva neppur composti i *Detti memorabili*, e si riferiva ai materiali che vi avrebbe messi a profitto, e che già, come vedremo, possedeva?

Comunque, in altra serie di appunti, relativi, come par probabile, a dialoghi tuttavia da scrivere, e tutti segnati nel medesimo foglietto, s'incontrano, tra gli altri, i seguenti argomenti: *Salto di Leucade*; *Egesia pisitanato*; *Natura ed Anima*; *Tasso e Genio*; *Galantuomo e mondo*; *Il sole e l'ora prima, o Copernico*. Ed ecco, da capo, il *Dialogo della Natura e di un'Anima*, ma accanto a un altro dialogo, *Galantuomo e mondo*, che l'autore abbozzò nel 1822, per tornarvi sopra nel '24, senza condurlo tuttavia a termine;[7] e la sua prima idea pertanto deve risalire almeno al 1822. E secondo lo stesso documento, contemporanei sono i disegni primitivi di altre quattro operette, due del '24 e due del '27. Giacché, oltre il *Dialogo del Tasso e del suo Genio* e il *Copernico*, qui son pure facilmente ravvisabili in *Egesia*

bre-5 novembre); *Cantico del Gallo silvestre* (10-16 novembre); *Note* (7-13 dicembre).

[4] Da N. SERBAN, *L. et la France*, Paris, Champion, 1913, p. 256 n.

[5] Avvertenza premessa agli *Scritti vari ined. di G. L. dalle carte napoletane*, Firenze, Le Monnier, 1910, p. VII.

[6] *O. c.*, p. 400.

[7] Vedi abbozzo negli *Scritti vari*, pp. 318-31. Il foglietto relativo, riscontrato per me dall'amico prof. V. Spampanato, è nelle Carte leopardiane della Bibl. Nazionale di Napoli, nel pacchetto X, fasc. 12.

*pisitanato* la prima idea del *Dialogo di Plotino e di Porfirio*;[8] e nel *Salto di Leucade* quella del *Dialogo di Cristoforo Colombo e di Pietro Gutierrez*;[9] e in *Misénore e Filénore* quella del *Dialogo di Timandro e Eleandro*.[10] E il documento certamente dimostra che del *Plotino* e del *Copernico*, scritti entrambi, come s'è veduto, nel '27, non solo il concetto, ma anche la forma in cui il concetto si presentò alla mente del Leopardi, non è posteriore alle *Operette* del '24.

E c'è altro. Stando alla cronologia dataci dai documenti, l'*Ottonieri* fu composto nell'ultimo mese d'estate del 1824: ma un'analisi molto accurata dei singoli *Detti*, riscontrati coi *Pensieri di varia filosofia e di bella letteratura*, ha dimostrato, in modo incontestabile, che in questo scritto «liberamente il Leopardi raccolse dal suo Zibaldone gli appunti più singolari e umoristici; certo intendendo a una vaga e libera somiglianza e rispecchiamento delle proprie opinioni, ma più col fine di pubblicare qualche parte del materiale accumulato giorno per giorno». Sicché s'è creduto poter conchiudere che nell'*Ottonieri* al Leopardi «venne fatto un centone, non un'operetta come le altre organicamente intessuta».[11] Scegliamo infatti un paio d'esempi, tra i tanti che si potrebbero riferire. Nel cap. III dell'*Ottonieri* si legge:

> Diceva che la negligenza e l'inconsideratezza sono causa di commettere infinite cose crudeli o malvage; e spessissimo hanno apparenza di malvagità o crudeltà; come, a cagione di esempio, in uno che trattenendosi fuori di casa in qualche suo passatempo, lascia i servi in luogo scoperto infracidare alla pioggia; non per animo duro e spietato, ma non

---

[8] Egesia infatti è ricordato nel *Plotino*: p. 308.

[9] Cfr. quel che dice di questo *Salto* il *Colombo* a p. 233; e Pensieri, I, 193.

[10] Questo dialogo infatti originariamente recava il titolo di *Dialogo di Filénore e di Misénore*.

[11] F. P. Luiso, *Sui Pensieri di G. L.*, nella *Rassegna Nazionale*, 1° maggio 1899, p. 119.

pensandovi, o non misurando colla mente il loro disagio. E stimava che negli uomini l'inconsideratezza sia molto più comune della malvagità, della inumanità e simili; e da quella abbia origine un numero assai maggiore di cattive opere; e che una grandissima parte delle azioni e dei portamenti degli uomini che si attribuiscono a qualche pessima qualità morale, non sieno veramente altro che inconsiderati.

Idee che fin dall'11settembre 1820 il Leopardi aveva sbozzate nello Zibaldone dei suoi *Pensieri*, scrivendo:

La negligenza e l'irriflessione spessissimo ha l'apparenza e produce gli effetti della malvagità e brutalità. E merita di esser considerata come una delle principali cagioni della tristizia degli uomini e delle azioni. Passeggiando con un amico assai filosofo e sensibile, vedemmo un giovinastro che con un grosso bastone, passando, sbadatamente e come per giuoco, menò un buon colpo a un povero cane che se ne stava pe' fatti suoi senza infastidir nessuno. E parve segno all'amico di pessimo carattere in quel giovane. A me parve segno di brutale irriflessione. Questa molte volte c'induce a far cose dannosissime e penosissime altrui, senza che ce ne accorgiamo (parlo anche della vita più ordinaria e giornaliera, come di un padrone che per trascuraggine lasci penare il suo servitore alla pioggia ecc.), e avvedutici, ce ne duole; molte altre volte, come nel caso detto di sopra, sappiamo bene quello che facciamo, ma non ci curiamo di considerarlo e lo facciamo così alla buona; considerandolo bene, noi non lo faremmo. Così la trascuranza prende tutto l'aspetto e produce lo stessissimo effetto della malvagità e crudeltà, non ostante che ogni volta che tu rifletti, fossi molto alieno dalla volontà di produrre quel tale effetto, e che la malvagità e crudeltà non abbia che fare col tuo carattere.[12]

---

[12] *Pensieri di varia filosofia e di bella letteratura*, I, 334-35

Voltando appena pagina, nell'*Ottonieri* si torna a leggere:

> Ho udito anche riferire come sua, questa sentenza. Noi siamo incli-
> nati e soliti a presupporre, in quelli coi quali ci avviene di conversare,
> molta acutezza e maestria per iscorgere i nostri pregi veri, o che noi
> c'immaginiamo, e per conoscere la bellezza o qualunque altra virtù
> d'ogni nostro detto o fatto; come ancora molta profondità, ed un abito
> grande di meditare, e molta memoria, per considerare esse virtù ed essi
> pregi, e tenerli poi sempre a mente: eziandio che in rispetto ad ogni altra
> cosa, o non iscopriamo in coloro queste tali parti, o non confessiamo
> tra noi di scoprirvele.

E anche questo pensiero, quantunque in forma compendiata a mo'
di appunto, era già nello Zibaldone, fin dal 23 luglio 1820:

> Noi supponiamo sempre negli altri una grande e straordinaria pene-
> trazione per rilevare i nostri pregi, veri o immaginari che sieno, e pro-
> fondità di riflessione per considerarli, quando anche ricusiamo di rico-
> noscere in loro queste qualità rispetto a qualunque altra cosa.

E il numero di simili riscontri è tale che pochi sono i luoghi
dell'*Ottonieri* di cui non si trovi la prima prova nei *Pensieri* degli anni
anteriori. Non sarà dunque da dire che nel '24 l'autore abbia dato soltanto la forma definitiva a questa operetta, facendone, come ad altri è
sembrato, un centone di sue osservazioni di tre e quattro anni prima?
Né la domanda vale unicamente per l'*Ottonieri*. Anche del *Parini* è
stato notato che la sostanza è già nei *Pensieri* scritti tra il '20 e il '23.[13]

---

[13] V. tra gli altri B. ZUMBINI, Studi sul L., Firenze, Barbèra, 1902-04, II, 42; e LOSACCO,
in Giorn. stor. letter. ital., XXXIV, 208.

Caratteristico questo luogo del cap. IX, dove l'autore fa dire al Parini:

Come città piccole mancano per lo più di mezzi e di sussidi onde altri venga all'eccellenza nelle lettere e nelle dottrine; e come tutto il raro e il pregevole concorre e si aduna nelle città grandi; perciò le piccole... sogliono tenere tanto basso conto, non solo della dottrina e della sapienza, ma della stessa fama che alcuno si ha procacciata con questi mezzi, che l'una e l'altre in quei luoghi non sono pur materia d'invidia. E se per caso qualche persona riguardevole o anche straordinaria d'ingegno e di studi, si trova abitare in luogo piccolo, l'esservi al tutto unica, non tanto non le accresce pregio, ma le nuoce in modo, che spesse volte, quando anche famosa al di fuori, ella è, nella consuetudine di quegli uomini, la più negletta e oscura persona del luogo... E tanto egli è lungi da potere essere onorato in simili luoghi, che bene spesso egli vi è riputato maggiore che non è in fatti, né perciò tenuto in alcuna stima. Al tempo che, giovanetto, io mi riduceva talvolta nel mio piccolo Bosisio; conosciutosi per la terra ch'io soleva attendere agli studi, e mi esercitava alcun poco nello scrivere; i terrazzani mi riputavano poeta, filosofo, fisico, matematico, medico, legista, teologo, e perito di tutte le lingue del mondo; e m'interrogavano, senza fare una menoma differenza, sopra qualunque punto di qual si sia disciplina o favella intervenisse per alcun accidente nel ragionare. E non per questa loro opinione mi stimavano da molto; anzi mi credevano minore assai di tutti gli uomini dotti degli altri luoghi. Ma se io li lasciava venire in dubbio che la mia dottrina fosse pure un poco meno smisurata che essi non pensavano, io scadeva ancora moltissimo nel loro concetto, e all'ultimo si persuadevano che essa mia dottrina non si stendesse niente più che la loro.

Mirabile pagina, piena di verità. Ma essa trae origine da riflessioni personali e autobiografiche già dal Leopardi segnate sulla carta fin dall'ottobre 1820:

Spessissimo quelli che sono incapaci di giudicare di un pregio, se ne formeranno un concetto molto più grande che non dovrebbero, lo crederanno maggiore assolutamente, e contuttociò la stima che ne faranno sarà infinitamente minor del giusto, sicché relativamente considereranno quel tal pregio come molto minore. Nella mia patria, dove sapevano ch'io ero dedito agli studi, credevano ch'io possedessi tutte le lingue e m'interrogavano indifferentemente sopra qualunque di esse. Mi stimavano poeta, rettorico, fisico, matematico, politico, medico, teologo ecc., insomma enciclopedicissimo. E non perciò mi credevano una gran cosa, e per l'ignoranza, non sapendo che cosa sia un letterato, non mi credevano paragonabile ai letterati forestieri, malgrado la detta opinione che avevano di me. Anzi uno di coloro, volendo lodarmi, un giorno mi disse: A voi non disconverrebbe di vivere qualche tempo in una buona città, perché quasi quasi possiamo dire che siate un letterato. Ma, s'io mostravo che le mie cognizioni fossero un poco minori ch'essi non credevano, la loro stima scemava ancora e non poco, e finalmente io passavo per uno del loro grado.[14]

## II.

Né soltanto la cronologia diventa un problema di difficile soluzione, una volta sulla via di siffatti riscontri. I quali però non sono possibili se non dove si consideri ciascun elemento del pensiero del Leopardi astratto dalla forma che esso ha nelle *Operette*. Che se si guarda a questa, è facile scorgere, per esempio, la superficialità del giudizio, che abbiamo ricordato, per cui l'*Ottonieri* non sarebbe nien-

---

[14] *Pensieri*, I, 359.

t'altro che un centone di luoghi dello *Zibaldone*. E si badi, d'altra parte, a non prendere né anche questa forma in astratto, quasi la forma speciale del tale passo delle *Operette*, il quale abbia un antecedente più o meno prossimo nello *Zibaldone* (quantunque, pur così intesa, essa sia sempre nei due casi profondamente diversa). Anche questa è una forma astratta; perché la vera forma assunta in concreto da ciascuna parte di un'opera è quella tal forma soltanto in relazione con tutta l'opera, in conseguenza del motivo fondamentale, ossia di quel certo atteggiamento spirituale, in cui l'autore si trovò componendola. Sicché un centone si può certamente trovare anche in un'opera che abbia una salda e vivente unità organica, ma solo pel fatto che si prescinda da questa unità, e si cominci a indagarne il contenuto, decomposto meccanicamente nelle singole parti, dalla cui somma a chi se ne lasci sfuggire lo spirito pare che l'opera risulti. Che è quello che è stato fatto per le prose leopardiane da tutti i critici che se ne sono occupati, ora considerando e giudicando le singole operette ad una ad una, ora sminuzzando l'una o l'altra di esse in una serie di frammenti facilmente rintracciabili in altri scritti, in verso e in prosa, dello stesso Leopardi (dando l'idea d'un Leopardi che ripeta inutilmente se stesso), o in precedenti scrittori, massime francesi del secolo XVIII (in confronto dei quali poi tutta l'originalità dello scrittore svanirebbe). Il maggior critico che il Leopardi abbia avuto, il De Sanctis; se ha sdegnato ogni ricerca analitica e mortificante di fonti e confronti, fermo nella dottrina, che è sua gloria, dell'inseparabilità del contenuto dalla forma nell'opera d'arte, e perciò della necessità di cercare il valore e la vita di quest'opera nell'accento personale, nell'impronta propria, onde ogni vero artista trasfigura la sua materia; non s'è guardato tuttavia né pur lui, di cercare la vita nelle parti, la cui serie forma il contenuto del libro, anzi che nel tutto, nell'unità, dove soltanto può essere l'anima e l'originalità dello scrittore. E ha creduto di poter cercare, per così dire, un Leopardi in ciascuna delle ope-

rette, presa a sé, invece di cercare il Leopardi di tutte le operette, che
sono un'opera sola.

In primo luogo, sta di fatto che, ad eccezione del *Venditore di almanacchi* e del *Tristano*, con cui nel '32 l'autore volle tornare a suggellare il pensiero delle *Operette*, tutte le altre pullularono dall'animo del
Leopardi nello stesso tempo, da un medesimo germe d'idee e di sentimenti, da una stessa vita. Abbiamo visto che il *Copernico* e il *Plotino*
erano già in mente al poeta quand'ei vagheggiava il suo *Tasso,* il
*Colombo* e fin lo stesso *Timandro*; e meditava insomma quegli stessi
pensieri, che presero corpo nelle *Operette* del '24: con le quali infatti,
poiché nel '27 l'ebbe scritte, l'autore sentì che dovevano accompa-
gnarsi. Il 21 giugno del '32 all'amico De Sinner, che gli chiedeva
scritti inediti da potersi pubblicare a Parigi, scriveva: «Ho bensì due
dialoghi da essere aggiunti alle *Operette*, l'uno di *Plotino e Porfirio*
sopra il suicidio, l'altro di *Copernico* sopra la nullità del genere
umano. Di queste due prose voi siete il padrone di disporre a vostro
piacere: solo bisogna ch'io abbia il tempo di farle copiare, e di rivede-
re la copia. Esse non potrebbero facilmente pubblicarsi in Italia».[15]
Ma avvertiva subito, che da soli questi dialoghi non potevano andare; e il 31 luglio tornava a scrivere al De Sinner: «Dubito che le mie
due prose inedite abbiano un interesse sufficiente per comparir sepa-
rate dal corpo delle *Operette morali,* al quale erano destinate».[16]
Quanto al *Frammento apocrifo di Stratone da Lampsaco,* esso è del '25;
cioè immediatamente posteriore alle altre prose compagne; anteriore
ad ogni tentativo fatto dall'autore per pubblicare le *Operette,* Alle
quali, nelle edizioni parziali e totali fattene a Firenze e a Milano, era
ovvio che l'autore non potesse pensare ad includerlo a causa del crudo
materialismo che vi è professato, e che le Censure non avrebbero

---

[15] *Epistolario,* Firenze, Le Monnier, 1907, vol. II, p. 486.

[16] *Epistolario,* II, 496.

lasciato passare.

Ma, lasciando per ora da parte queste cinque operette (*Stratone, Copernico, Plotino, Venditore d'almanacchi* e *Tristano*) che vennero successivamente ad aggiungersi alle prime venti, è certo che queste venti, composte tutte di seguito in un anno di lavoro felice, furono dall'autore scritte e considerate come parti d'un solo tutto. E quando ebbe in ordine il suo manoscritto completo, escluse che le singole operette potessero venire in luce alla spicciolata. Nel novembre del '25 sperò poterle pubblicare nella raccolta delle sue *Opere*, che un editore amico voleva fare allora in Bologna; e, andato a monte quel disegno, fece assegnamento sugli aiuti efficaci del Giordani, al quale consegnò il manoscritto affinché gli trovasse un editore: con tanto desiderio di vedere stampata la sua opera, che il 16 gennaio del '26 già scriveva impaziente al Papadopoli: «I miei Dialoghi si stamperanno presto, perché se Giordani, che ha il manoscritto a Firenze, non ci pensa punto, come credo, io me lo farò rendere, e lo manderò a Milano».[17] Ma da Firenze scrivevagli il Vieusseux il 1° marzo: «Giordani, usando della facoltà lasciatagli, mi passò il bel manoscritto che gli avevate confidato, dal quale abbiamo estratto alcuni dialoghi, che troverete riferiti nel n. 61 dell'*Antologia*, ora pubblicato, ch'io ho il piacere di mandarvi. Graditelo come un pegno del mio fervido desiderio di vedere il mio giornale spesso fregiato del vostro nome; e più del nome ancora, dei vostri eccellenti scritti. Sento che queste Operette morali verranno probabilmente pubblicate costà, e ne godo assai pel pubblico, e per voi, tanto più che sembrano meglio fatte per comparire riunite in una raccolta, che spartite in un giornale».[18] Quella prima pubblicazione, dunque, non fu altro che un saggio. Del quale il 5 luglio il Leopardi scriveva all'amico Puccinotti: «I miei

[17] Lett. del 9 nov. al fratello Carlo, in *Epist.*, II, 47.

[18] Nell'*Epist.* del L., III, 237-38.

Dialoghi stampati nell'*Antologia* non avevano ad essere altro che un saggio, e però furono così pochi e brevi». E soggiungeva: «La scelta fu fatta dal Giordani, che senza mia saputa mise l'ultimo per primo»;[19] affermando così che tra i dialoghi c'era un ordine, e ciascuno doveva tenere il suo posto.

Proponendo pertanto la stampa dell'opera intera all'editore Stella di Milano, gli scriveva: «Ha ella veduto il numero 61 *dell'Antologia*, gennaio 1826? E penetrato, ed ha avuto corso in cotesti Stati? Vi ha ella veduto il Saggio delle mie Operette morali? Le parlai già in Milano [agosto-settembre '25] di questo mio manoscritto. Ne abbiamo pubblicato questo saggio in Firenze per provare se il manoscritto passerebbe in Lombardia. Giudica ella che faccia a proposito per lei?... Tutte le altre operette sono del genere del Saggio, se non che ve ne ha parecchie di un tono più piacevole. Del resto, in quel manoscritto consiste, si può dire, il frutto della mia vita finora passata, e io l'ho più caro de' miei occhi».[20] Questa lettera è del 12 marzo '26. Il 22 di quel mese lo Stella rispondeva: «Ho letto il *Saggio*; ed ella ha ben ragione d'amar cotanto quel suo manoscritto». Il fascicolo dell'*Antologia* era stato ammesso dalla Censura, ma l'editore non credeva di poterne tuttavia sperare altresì l'approvazione per la stampa.[21] Avrebbe provato: intanto gli facesse sapere la mole del manoscritto. E il Leopardi subito a riscrivergli, il 26: «Confesso che mi sento molto lusingato e superbo del voto favorevole che ella accorda alle predilette mie Operette morali. Il manoscritto è di 311 pagine, precisamente della forma del ms. d'Isocrate che le ho spedito, scrittura egualmente fitta di mio carattere. Sarei ben contento se ella volesse e potesse esserne l'editore... La prego a darmi una risposta concreta in que-

[19] *Epist.*, II, 142-43.
[20] *O. c.*, II, 110-11.
[21] *O. c.*, III, 335-36.

sto proposito tosto ch'ella potrà».[22] Lo Stella, per saggiare le disposizioni della Censura milanese, chiese licenza di ristampare nel suo
*Nuovo Ricoglitore* i dialoghi usciti nell'*Antologia*; «de' quali», scriveva
all'autore il 1° aprile, «poi formerò un opuscolo a parte che mi farà
strada a pubblicar tutte queste, da Lei chiamate Operette, che lo
saranno per la mole, non pel pregio certamente».[23] Perciò il 7 il
Leopardi affrettavasi a mandargli la nota dei molti errori incorsi nella
stampa fiorentina, insistendo nel desiderio che lo Stella assumesse
l'edizione del libro intero; che il 26 si disponeva a inviargli: «Debbo
però pregarla caldamente di una cosa. Mi dicono che costì la Censura
non restituisce i manoscritti che non passano. Mi contenterei assai
più di perder la testa che questo manoscritto, e però la supplico a non
avventurarlo formalmente alla Censura senza una assoluta certezza, o
che esso sia per passare, o che sarà restituito in ogni caso».[24] E il pre-
zioso manoscritto partì infatti sulla fine del mese per Milano,[25] e lo
Stella potè il 13 maggio informare l'autore d'averlo ricevuto. Il 27 poi
gli scriveva: «Nei brevi ritagli di tempo che mi restano, vo leggendo
le Operette sue morali, le quali quanto mi allettano... altrettanto
temo che trovar debbono degli ostacoli per la Censura. Forse il rimedio potrebbe esser quello di darle prima nel *Ricoglitore*, per poi stamparle a parte, e in fine fare una nuova edizione di tutte in piccola
forma».[26] Ancora uno smembramento delle care *Operette?* La proposta ferì al vivo l'animo del Leopardi, che, a volta di corriere, il 31
rispose: «Se a far passare costì le *Operette morali* non v'è altro mezzo
che stamparle nel *Ricoglitore*, assolutamente e istantemente la prego
ad aver la bontà di rimandarmi il manoscritto al più presto possibile.

[23] *O. c.*, III, 337-38.
[24] *O. c.*, II, 131.
[25] *O. c.*, II, 133.
[26] *O. c.*, III, 346.

O potrò pubblicarle altrove, o preferisco di tenerle sempre inedite al dispiacer di vedere un'opera che mi costa fatiche infinite, pubblicata a brani....».[27] Furono infatti pubblicate in volume l'anno seguente, come l'autore ardentemente desiderava, conscio dell'organicità del corpo di tutte le venti operette, nate come venti capitoli di un'opera sola.

All'unità della quale ei certamente mirò nell'ordinamento definitivo che fece delle singole parti, quando le ebbe condotte a termine tutte. Abbiamo veduto come tenesse a rilevare e attribuire al Giordani l'inversione avvenuta nei tre dialoghi ceduti all'*Antologia*. Il *Timandro* doveva essere l'ultimo, egli avverte. Infatti era stato scritto dopo il *Tasso*; ma era stato pure scritto prima del *Colombo*. Anzi nell'ordine cronologico[28] era quattordicesimo, sui venti del 1824: ma evidentemente fin da principio era destinato al ventesimo o, comunque, ultimo posto, che tenne nella edizione milanese del '27. E invero un'apologia del libro; e l'apologia non poteva essere se non la conclusione e il giudizio, che, nell'atto di licenziare il libro, l'autore voleva se ne facesse. Ma, nel passaggio dall'ordine cronologico a quello ideale che il Leopardi ebbe da ultimo ragione di preferire, non soltanto il *Timandro* venne spostato. Infatti tra il *Dialogo di un Fisico e di un Metafisico* e il *Dialogo della Natura e di un Islandese*, scritti successivamente, con un solo giorno di riposo tra l'uno e l'altro, parve opportuno frammettere il *Dialogo di Torquato Tasso e del suo Genio familiare*, a cui il Leopardi pose mano appena finito quello della *Natura e di un Islandese*. È ovvio che senza una ragione né anche quest'ordine sarebbe mutato; ed è ovvio altresì che la ragione non potrà consistere se non negli scambievoli rapporti da cui questi dialoghi eran legati, agli occhi di chi li scrisse. Va da sé poi che i vari scritti devono per lo più esser

---

[27] *O. c.*, II, 140.

[28] Cfr. sopra, p. 106, n. 1.

nati già con questi rapporti, l'un dopo l'altro, secondo che il pensiero
germogliava via via nella sua spontaneità organica; ma dove una ripresa di idee già non sufficientemente svolte, e il risorgere di un'ispirazione che era parsa esaurita, traeva l'autore a tornare su se stesso, è pur
naturale che l'ordine cronologico non corrispondesse più allo svolgimento e alla coerenza del pensiero. Così il *Tasso*, scritto appena levata
la mano dall'*Islandese*, nasce come un anello che salda questo dialogo
a quello del Fisico col Metafisico; e se tra il 14 e il 24 giugno l'autore
scrive il *Timandro,* bisogna pensare che, saldato così l'*Islandese* agli
antecedenti dell'opera, egli dovè per un momento credere esaurito il
suo tema; credere perciò di potersi arrestare a quella fiera rappresentazione finale dell'*Islandese*: e quindi volgersi indietro a giudicare e difen-
dere il libro. Passarono infatti dodici giorni senza che si sentisse riat-
tirato verso il suo lavoro, ripreso il 6 luglio col *Parini,* e condotto
innanzi a sbalzi fino alla fine dell'anno, quando fu compiuto il *Cantico
del Gallo silvestre:* altre sei operette in tutto, che s'è condotti a pensare
formino un gruppo distinto, nato da questo risorgimento, seguito al
*Timandro,* del motivo ispiratore delle operette.


III.


Ma tutto ciò, si può dire, non prova nulla per l'organismo e unità
dell'opera leopardiana, se questa unità non si trova effettivamente nel
suo intimo. Ed è vero. Com'è pur vero che quando tale unità fosse
messa bene in luce con lo studio interno del libro, potrebbe anche
apparire inutile tutto questo preambolo, indirizzato ad argomentare
che l'unità ci doveva essere. Ma è infine non meno vero che non si
trova quel che non si cerca; e che l'unità delle *Operette* leopardiane,

ritenute generalmente una semplice raccolta, aumentabile (con la *Comparazione delle sentenze di Bruto minore e di Teofrasto*, come tutti fanno), o riducibile (come pure han creduto gli autori delle varie scelte di prose leopardiane) non si è mai indagata, perché si sono ignorati o trascurati tutti questi indizi di un disegno, che lo stesso autore ritenne essenziale.

Intanto, lo spostamento osservato del *Timandro*, epilogo, in origine, delle *Operette*, ci ha condotto a scorgere un gruppo, che non è forse il solo tra questi singoli scritti, così come vennero quasi rampollando l'uno dall'altro. Sottraendo, oltre il *Timandro*, destinato ad epilogo, la *Storia del genere umano*, che, per il suo distacco formale dal resto dell'opera (è la sola infatti che abbia la forma di un mito), e la sua rappresentazione complessiva, in iscorcio, di tutto il destino del genere umano, a parte a parte ritratto poscia nelle varie prose, si può a ragione considerare come un prologo: le diciotto operette intermedie, formanti il corpo del libro, si distribuiscono naturalmente in tre gruppi, di sei ciascuno, come tre ritmi attraverso i quali passa l'animo del Leopardi. Innanzi al terzo, nato, come s'è veduto, da una ripresa dell'ispirazione originaria, si spiega il secondo, che comincia col *Dialogo della Natura e di un'Anima* e si compie, quasi ritornando al suo principio, con l'altro *Dialogo della Natura e di un Islandese*. Precede, e inizia la trilogia, un primo gruppo, aperto dal *Dialogo d'Ercole e di Atlante* e conchiuso da un dialogo parallelo, in cui all'eroe classico della potenza e della forza, Ercole, sottentra un eroe della potenza dello spirito immaginato dalle superstizioni moderne, un mago, Malambruno, dialogante con un Atlante spirituale, un diavolo, Farfarello. Disposizione simmetrica, sulla quale non giova certo insistere troppo, ma che non può apparire arbitraria o fortuita quando si osservino gl'intimi rapporti spirituali onde sono insieme congiunte e connesse, in tale ordinamento, le diverse operette.

Ascoltiamo dalle parole stesse del Leopardi la nota fondamentale di

ciascuna operetta; e vediamo se le varie note degli scritti appartenenti a ciascun gruppo non formino per avventura un solo ritmo.
Cominciamo dal primo gruppo.

Ercole va a trovare Atlante per addossarsi qualche ora il peso della
Terra, come aveva fatto già parecchi secoli fa, tanto che Atlante pigli
fiato e si riposi un poco. Ma la Terra da allora è diventata leggerissi-
ma; e quando Ercole se la reca sulla mano, scopre un'altra novità più
meravigliosa. L'altra volta che l'aveva portata, gli «batteva forte sul
dosso, come fa il cuore degli animali; e metteva un rombo continuo,
che pareva un vespaio. Ma ora quanto al battere, si rassomiglia a un
oriuolo che abbia rotta la molla»; e quanto al ronzare, Ercole non vi
ode uno zitto. È già gran tempo, dice Atlante, «che il mondo finì di
fare ogni moto o ogni romore sensibile: e io per me stetti con grandissimo sospetto che fosse morto, aspettandomi di giorno in giorno
che m'infettasse col puzzo; e pensava come e in che luogo lo potessi
seppellire, e l'epitaffio che gli dovessi porre». E lo stesso grido, come
si vede, de *La sera del dì di festa*:

Ecco è fuggito
Il dì festivo, ed al festivo il giorno
Volgar succede, e se ne porta il tempo
Ogni umano accidente. Or dov'è il suono
Di quei popoli antichi? Or dov'è il grido
De' nostri avi famosi, e il grande impero
Di quella Roma, e l'armi, e il fragorio
Che n'andò per la terra e l'oceano?
Tutto è pace e silenzio, e tutto posa
Il mondo, e più di lor non si ragiona.

Perché questo silenzio e questa morte? Ecco che la Moda, sorella
germana della Morte, vien a dirlo essa questo perché alla Morte stes-

sa: poiché i soli frivoli e accidiosi costumi dei nuovi tempi possono spiegare i «lacci dell'antico sopor»,[29] che, pel Poeta, non stringono soltanto «l'itale menti»; i costumi «di questo secol morto, al quale incombe tanta nebbia di tedio», e per cui il Poeta domandava agli eroi già dimenticati e riscoperti dai filologi, «se in tutto non siam periti».[30] La Moda spiega infatti alla Morte: «A poco per volta, ma il più in questi ultimi tempi, io per favorirti ho mandato in disuso e in dimenticanza le fatiche e gli esercizi che giovano al ben essere corporale, e introdottone o recato in pregio innumerabili che abbattono il corpo in mille modi e scorciano la vita. Oltre di questo ho messo nel mondo tali ordini e tali costumi, che la vita stessa, così per rispetto del corpo come dell'animo, è più morta che viva; tanto che questo secolo si può dire con verità che sia proprio il secolo della morte».

Morti gli uomini, spenta la forza dei corpi, infranto il vigore degli animi. In compenso, si fabbricano macchine, e il secol morto può dirsi «l'età delle macchine». L'Accademia dei Sillografi ne fa la satira nel suo bizzarro bando di concorso per l'invenzione di tre macchine, che restituiscano al mondo quel che agli occhi del Poeta costituisce il pregio maggiore della vita, anzi la vita stessa, quale fu una volta: l'amicizia, lo spirito delle opere virtuose e magnanime, e la donna: quella donna, che fu l'ideale degli spiriti gentili, e fu pur ora cantata come la «sita donna» da esso il Leopardi:

> Forse tu l'innocente
> Secol beasti che dall'oro ha nome,
> Or leve intra la gente
> Anima voli? o te la sorte avara

[29] *Sopra il monumento di Dante* (1818), vv. 3-4.

[30] *Ad Angelo Mai* (1820), vv. 4-5, 27-28, 32-33.

Ch'a noi t'asconde, agli avvenir prepara?
Viva mirarti omai
Nulla spene m'avanza.[31]

Ebbene, una macchina ne adempia gli uffici, essendo «espedientis-
simo che gli uomini si rimuovano dai negozi della vita il più che si
possa, e che a poco a poco diano luogo, sottentrando le macchine in
loro scambio». Questa è la morte dell'uomo: la morte dell'amicizia e
dell'amore, la morte degli ideali che già fecero virtuoso e magnanimo
l'uomo antico, finito con Bruto minore; il quale non può sopravvivere alla maledizione scagliata alla stolta virtù, che ei respinge da sé nelle
cave nebbie e nei campi dell'inquiete larve. Onde se un romano, e sia
Catilina, può credere, secondo Sallustio, d'infiammare i soci alla battaglia, parlando ad essi non solo delle ricchezze, ma dell'onore, della
gloria, della libertà, della patria, affidate alle loro destre, un moderno
lettore d'umanità non può senza peccato d'ipocrisia vedere nel testo
di Sallustio quella gradazione ascendente che il luogo, a norma di rettorica, richiederebbe. La patria? Non si trova più se non nel vocabolario. La libertà? Guai a proferir questo nome. Di essa, dice il
Leopardi, che ne sa anche lui qualche cosa,[32] «non si ha da far conto».
La gloria? Piacerebbe, se non costasse incomodo e fatica. Insomma, la
ricchezza è il solo vero bene: è quella cosa «che gli uomini per otte-
nerla sono pronti a dare in ogni occasione la patria, la libertà, la gloria, l'onore». Sicché il testo è da restituire, per travestirlo alla moderna, facendo dire a Catilina: *Et quum proelium inibitis, memineritis, vos
gloriam, decus, divitias, praeterea spectacula, epulas, scorta, animam
denique vestram in dextris vestris portare.*

---

[31] *Alla sua donna* (settembre 1823) vv. 7-13.

[32] A. D'Ancona, nel *Fanfulla della domenica* del 29 novembre 1895; G. Carducci,
*Degli spiriti e delle forme nella poesia di G. L.*, Bologna, Zanichelli, 1898, pp. 207-08.

*Animam vestram*, la vita: quella vita, che non hanno! Quella vita, che Sabazio, l'eterno Dioniso, dio della vita e della morte, è in sospetto anche lui sia cessata da un pezzo in qua: e però manda su dalle viscere della terra uno spiritello, uno Gnomo, ad accertarsene. E uno spirito dell'aria, un Folletto, può dirgli infatti che «gli uomini sono tutti morti e la razza è perduta». Mancati tutti: «parte guerreggiando tra loro, parte navigando, parte mangiandosi l'un l'altro, parte ammazzandosi non pochi di propria mano, parte infracidando nell'ozio, parte stillandosi il cervello sui libri, parte gozzovigliando, e disordinando in mille cose; in fine, studiando tutte le vie di far contro la propria natura»: studiandole tutte con quell'«irrequieto ingegno, demenza maggiore» che «quell'antico error», di cui «grido antico ragiona», onde fu negletta la mano dell'altrice natura, come il Leopardi aveva appreso dal Rousseau.

> Oh contra il nostro
> Scellerato ardimento inermi regni
> Della saggia natura! [33]

Morto l'uomo; e «le altre cose... ancora durano e procedono come prima». E l'uomo che presumeva il mondo tutto fatto e mantenuto per lui solo! Il Folletto invece crede fosse fatto e mantenuto per i folletti; come lo Gnomo per gli gnomi! La vanità umana pareggia essa la nullità dell'uomo. Ecco, gli uomini «sono tutti spariti, la terra non sente che le manchi nulla, e i fiumi non sono, stanchi di correre... e le stelle e i pianeti non mancano di nascere e di tramontare...». La saggia, l'altrice natura non si commuove allo sterminio di sé a cui l'uomo è tratto dal suo ardimento.

---

[33] *Inno ai Patriarchi* (luglio 1822), vv. 110-112.

Fu certo, fu (né d'error vano e d'ombra
L'aonio canto e della fama il grido
Pasce l'avida plebe) amica un tempo
Al sangue nostro e dilettosa e cara
Questa misera piaggia, ed aurea corse
Nostra caduca età. Non che di latte
Onda rigasse intemerata il fianco
Delle balze materne, o con le greggi
Mista la tigre ai consueti ovili
Né guidasse per gioco i lupi al fonte
Il pastorel; ma di suo fato ignara
E degli affanni suoi, vota d'affanno
Visse l'umana stirpe... [34]

Amica è la natura a chi sta contento della vita spontanea e irriflessa, qual è appunto la vita della natura. Lo svegliarsi dell'intelligenza (scellerato ardimento!) è il principio della perdizione. E invano l'uomo cercherà col pensiero di restaurare la sua vita e riconquistare la dilettosa e cara piaggia d'un tempo! Faust lo sa;[35] Malambruno che invoca gli spiriti d'abisso, che vengano con piena potestà di usare tutte le forze d'inferno in suo servigio, lo riapprende da Farfarello, impotente a farlo felice un momento di tempo. La felicità è la vita che si viva sentendo che mette conto di viverla: è la vita col suo valore. E il Leopardi pare la intenda come un diletto infinito; il cui bisogno nasce dall'infinito amore che ogni uomo ha di se stesso, ma non può esser soddisfatto mai, perché nessun diletto è infinito, nessun piacere tale che appaghi il nostro desiderio naturale. Onde il vivere sentendo

[34] *Inno* cit., vv. 87-99.

[35] Malambruno è Faust, non Manfredo, come mostra d'intendere il LOSACCO, *Leopardiana, in Giornale storico della letteratura italiana*, XXVIII (1896), p. 275.

la vita è infelicità; e questa non è interrotta se non dal sonno, o da uno sfinimento o altro che sospenda l'uso dei sensi: non mai cessa mentre sentiamo la nostra vita; e se vivere è sentire, «assolutamente parlando», il non vivere è meglio del vivere.

La vita non ha valore. È, a rigore, l'ultima conclusione di quella premessa, che la felicità o valore della vita consista nel diletto; il quale non può essere altro che limitato, e quindi mai mero diletto, senza mistura di amarezza.

## IV.

Tale il concetto del primo gruppo delle *Operette*, che pone l'animo del poeta in faccia alla morte e al nulla: ossia al vuoto della vita, non più degna d'esser vissuta: poiché degna sarebbe la vita inconscia, e la vita dell'uomo è senso, coscienza. La vita nella felicità è la natura; e l'uomo se ne dilunga ogni giorno più con la civiltà, con l'irrequieto ingegno, che assottiglia la vita, e la consuma.

Ed ecco il problema e il tormento dell'anima del Leopardi: l'uomo in faccia alla natura. La natura, che è quella del dialogo dello Gnomo e del Folletto; e l'uomo, che è, non quella ciurmaglia già spenta, da cui lo Gnomo avrebbe caro[36] che uno risuscitasse per sapere quello che egli penserebbe della già sua vantata grandezza: è anzi quest'uno, Malambruno, che pensa e vede tutti gli uomini morti e la natura viva,

---

[36] «Ben avrei caro che uno o due di quella ciurmaglia risuscitassero, e sapere quello che pen-serebbero vedendo che le altre cose, benché sia dileguato il genere umano, ancora durano e pro-cedono come prima, dove si credevano che tutto il mondo fosse fatto e mantenuto per loro soli» (*Operette morali*, ed. Gentile, Zanichelli, Bologna, 2ª ed. 1925. p. 52).

muta, indifferente. Problema affrontato nel *Dialogo della Natura e di un'Anima*, il primo del nuovo gruppo, dove la natura dice all'anima, dandole la vita: «Va', figliuola mia prediletta, che tale sarai tenuta e chiamata per lungo ordine di secoli. Vivi, e sii grande e infelice».

Giacché, come poi le spiegherà, «nelle anime degli uomini, e proporzionatamente in quelle di tutti i generi di animali, si può dire che l'una e l'altra cosa sieno quasi il medesimo: perché l'eccellenza delle anime importa maggior sentimento dell'infelicità propria; che è come se io dicessi maggiore infelicità»; e l'uomo «ha maggior copia di vita, e maggior sentimento, che niun altro animale; per essere di tutti i viventi il più perfetto»; e però è il più infelice. E il meglio è per l'anima spogliarsi della propria umanità, o almeno delle doti che possono nobilitarla, e farsi «conforme al più stupido e insensato spirito umano» che la natura abbia mai prodotto in alcun tempo.

Di guisa che quella morte dell'umanità, che nei dialoghi del primo gruppo poteva parere una colpa dei degeneri nepoti, ecco, apparisce il destino dell'uomo: la cui storia non può avere altra conchiusione che la rinunzia alla propria umanità. La quale, dice il poeta col suo amaro sorriso, scacciata dalla Terra, non si rifugia e raccoglie nella Luna, come immaginò l'Ariosto di tutto ciò che ciascun uomo va perdendo. La Luna, a cui la Terra, nel dialogo che da esse s'intitola, ne domanda, non solo la convince che l'immaginazione ariostesca è semplice immaginazione, ma in tutto il dialogo dimostra che il linguaggio umano e relativo allo stato degli uomini, che la Terra usa, non ha significato fuori di questa: e che insomma non ha base in natura quello che gli uomini considerano pregio della loro vita, e che, non trovandolo fondato in natura, riconoscono quindi mera illusione.

Ma il concetto più direttamente è trattato nella *Scommessa di Prometeo*: scommessa perduta con Momo (che è lo stesso spirito satirico pessimista con cui il Leopardi guarda la vita nella sua vanità). Perduta, perché Prometeo deve confessare che alla prova il suo genere umano, che avrebbe dovuto essere il più perfetto genere dell'universo, «la migliore opera degl'immortali», gli era fallito, dimostrandosi, dallo stato selvaggio degli antropofagi a quello più incivilito dei suicidi per tedio della vita, il più sciagurato e imperfetto.

Prometeo paga la scommessa senza volerne sapere più oltre, quando a Londra vede gran moltitudine affollarsi innanzi a una porta, ed entra, e scorge «sopra un letto un uomo disteso supino, che aveva nella ritta una pistola; ferito nel petto, e morto; e accanto a lui giacere due fanciullini, medesimamente morti»; sciagurato padre, che per disperazione ha ucciso prima i figliuoli e poi se stesso: quantunque fosse ricchissimo, e stimato, e non curante di amore, e favorito in corte: ma caduto in disperazione «per tedio della vita, secondo che ha lasciato scritto».

Il tedio della vita! Ecco la scoperta che si è fatta andando in cerca di quella felicità, di cui si pose il problema nel primo dialogo di questo secondo gruppo. E i due seguenti dialoghi hanno questo argomento. Il *Dialogo di un Fisico e di un Metafisico* dimostra la vita non essere bene da se medesima, e non esser vero che ciascuno la desideri e l'ami naturalmente: ma la desidera ed ama come «istrumento o subbietto» della felicità, che è ciò che veramente vale. E questa, guardata più da vicino, consistere nell'efficacia e copia delle sensazioni, nelle affezioni e passioni e operazioni, e insomma, non nel puro essere, ma nella sensazione dell'essere e nel far essere (come ben si può dire) l'essere stesso. Non l'inerzia e la vuota durata, ma la mobilità, la vivacità, il gran numero e la gagliardia delle impressioni, e cioè il tempo pieno, questo è l'oggetto dei nostri desiderii: e la vita degli uomini «fu sempre non dirò felice, ma tanto meno infelice, quanto più fortemente agitata, e in maggior parte occupata, senza dolore né disagio». La vita vacua, che è la vita «piena d'ozio e di tedio», è morte; anzi peggio della morte, che è senza senso. Infine, dice lo stesso Metafisico (che ha cominciato negando che la felicità sia vivere), «la vita debb'esser viva»: cioè la vera felicità, in fondo, è sì nella vita; ma

la vita (il Leopardi così sente) non è vita; è la morte; quella morte di
cui s'è acquistata la certezza nelle operette del primo gruppo; e che
non è pura morte, ma la morte sentita; la morte nella coscienza del-
l'uomo che non conosce altra realtà che l'eterna natura, di là dall'opera sua, e non può sperare perciò di far nulla che abbia valore. La
morte è dolore perché è tedio: quel vuoto dove dovrebbe essere il
pieno; la morte al posto della vita.

E questo tedio è la malattia, il segreto tormento del Tasso, che ne
ragiona col suo Genio: del Tasso già dal '20, quando fu scritta la canzone *Ad Angelo Mai*, apparso al Leopardi come suo spirito gemello, al
par di lui «miserando esempio di sciagura»:

> O Torquato, o Torquato, a noi l'eccelsa
> Tua mente allora, il pianto
> A te, non altro, preparava il cielo.
> Oh misero Torquato! il dolce canto
> Non valse a consolarti o a sciorre il gelo
> Onde l'alma t'avean, ch'era sì calda,
> Cinta l'odio e l'immondo
> Livor privato e de' tiranni. Amore,
> Amor, di nostra vita ultimo inganno,
> T'abbandonava. Ombra reale e salda
> Ti parve il nulla, e il mondo
> Inabitata piaggia.

Torquato Tasso medesimo, che non trova nel mondo altro più che
il nulla, e si rifugia nei sogni e nel vago immaginare, dal quale più
duro bensì gli riesce il ritorno alla realtà; questo Torquato parla nel
*Dialogo del Tasso e del suo Genio*; e non si lagna già del dolore, ma della
noia, che sola lo affligge e lo uccide. La quale gli pare abbia la stessa
natura dell'aria: «riempie tutti gli spazi interposti alle altre cose mate-

riali, e tutti i vani contenuti in ciascuna di loro; e donde un corpo si parte, e altro non gli sottentra, quivi ella succede immediatamente. Così tutti gl'intervalli della vita umana frapposti ai piaceri e ai dispiaceri» sono occupati dalla noia. E però, come nel mondo materiale, secondo i Peripatetici, non si dà vóto alcuno; così nella vita nostra non si dà voto»; e poiché piacere non si trova, la vita è composta parte di dolore parte di noia. E la vita tutta uguale monotona del povero prigioniero — immagine d'ogni uomo di fronte alla immutabile natura — si viene via via votando così del piacere come del dolore, e riempiendo tutta della tristezza soffocante del tedio.

L'uomo prigioniero della natura ritorna nell'ultimo dialogo del gruppo, in cui si presenta da capo la Natura a render conto di sé all'uomo: al povero Islandese, che la vien fuggendo per tutte le parti della terra, e se la vede sempre innanzi, addosso, incubo schiacciante: e l'ha innanzi, prima di morire, in effigie di donna, di forme smisurate, seduta in terra, col busto ritto, appoggiato il dosso e il gomito a una montagna; viva, di volto tra bello e terribile, occhi e capelli nerissimi, con lo sguardo fisso e intento. — Perché, le chiede il povero errante, tu sei «carnefice della tua propria famiglia, de' tuoi figliuoli e, per dir così, del tuo sangue e delle tue viscere», e «per niuna cagione, non lasci mai d'incalzarci, finché ci opprimi?» — «Se io vi diletto o vi benedico, io non lo so», risponde la Natura. La vita dell'universo è un circolo perpetuo di produzione e distruzione. — Ma, riprende l'Islandese, poiché chi è distrutto patisce, e chi distrugge sarà distrutto, «dimmi quello che nessun filosofo mi sa dire: a chi piace o a chi giova cotesta vita infelicissima dell'universo, conservata con danno e con morte di tutte le cose che lo compongono?» — E prima di aver la risposta l'Islandese è mangiato dai leoni, già così rifiniti e maceri dall'inedia, che con quel pasto si tennero in vita ancora per quel giorno, e non più. Questa Natura, che non sa il bene e il male dell'uomo, è la Natura che al principio ha detto all'anima: — Sii

grande, e infelice. — La vita infatti è infelicità, in quanto è noia; e
noia è, perché vuota; e non può non esser vuota, se l'uomo è di fronte a questa Natura terribile nel cui perpetuo giro esso rientra, mo-
lecola ignorata, e senza valore, non appena con la sua coscienza si
stacchi dalle cose, e vi si contrapponga. L'uomo dunque è veramente
infelice, come s'è detto nel primo dialogo, perché con la sua attività
(che è l'anima, il sentire) non ha posto nella natura, che è poi tutto.
Perciò l'anima è vuota, e la vita è tedio.

## V.

E qui potè parere al Leopardi, come osservammo, di aver esaurito
il proprio tema; e, prevedendo le facili critiche, che non sarebbero
mancate al piccolo e doloroso libro, ritenne opportuno difenderlo col
*Timandro*.
Ma poi considerò che la sua dimostrazione non era veramente perfetta. Il dolce canto non era valso a consolare Torquato; ma potrebbe
dunque il canto consolare l'animo addolorato? Gino Capponi, l'amico del Tommaseo, che fu giudice sempre acerbo e ingiusto al grande
Recanatese,[37] scrisse una volta:[38] «Il Leopardi comincia uno de' suoi
Dialoghi, inducendo la natura che scaraventa nel mondo un'anima
con queste parole: — Vivi e sii grande ed infelice. — Io per me credo
proprio il rovescio, e che le anime nostre non sieno infelici se non in

---

[37] Acerbo e ingiusto anche nel giudizio, che pur contiene sensazioni profonde di alcuni
aspetti dell'arte leopardiana, raccolto nel volume *La donna*, Milano, Agnelli, 1872, pp. 380-81.
Vedi i miei *Albori della nuova Italia*, Lanciano, Carabba, 1923, I, 167 ss.
[38] *Scritti ed. ed ined.*, Firenze, Barbèra, 1877, II, 445-46.

quanto sono esse piccole..., È cosa facile esser grandi uomini, se basti
a ciò essere infelici, ed il Leopardi insegnò a molti la via della infelicità; ma non l'aveva imparata egli quando produsse quelle canzoni
per cui sta in alto il nome suo». E il De Sanctis doveva osservare più
tardi: «Quel suo nullismo nelle azioni e nei fini della vita, che lo ren-
deva inetto al fare e al godere, era riempiuto dalla colta e acuta intelligenza e dalla ricca immaginazione, che gli procuravano uno svago e
gli facevano materia di diletto quello stesso soffrire. Egli aveva la forza
di sottoporre il suo stato morale alla riflessione e analizzarlo e generalizzarlo, e fabbricarvi su uno stato conforme del genere umano. Ed
aveva anche la forza di poetizzarlo, e cavarne impressioni e immagini
e melodie, e fondarvi su una poesia nuova. Egli può poetizzare sino
il suicidio, e appunto perché può trasferirlo nella sua anima di artista
e immaginare Bruto e Saffo, non c'è pericolo che voglia imitarli.
Anzi, se ci sono stati momenti di felicità, sono stati appunto questi.
Chi più felice del poeta o del filosofo nell'atto del lavoro?».[39] Ma né
il Capponi, né il De Sanctis avvertivano cosa sfuggita al Leopardi. È
suo, del 1820, questo pensiero vero e profondo: «L'uomo si disanno-
ia per lo stesso sentimento vivo della noia universale e necessaria». E
suo è questo altro che lo precede: «Hanno questo di proprio le opere
di genio, che, quando anche rappresentino al vivo la nullità delle
cose, quando anche dimostrino evidentemente e facciano sentire
l'inevitabile infelicità della vita, quando anche esprimano le più ter-
ribili disperazioni, tuttavia ad un animo grande, che si trovi anche in
uno stato di estremo abbattimento, disinganno, nullità, noia e sco-
raggiamento della vita o nelle più acerbe e mortifere disgrazie.... servono sempre di consolazione, raccendono l'entusiasmo; e non trat-
tando né rappresentando altro che la morte, gli rendono, almeno

---

[39] *Studio su G. L.*, Napoli, Morano, 1905, p. 213.

momentaneamente, quella vita che aveva perduta».[40]
Ebbene, sentire ripullular questa vita, che il raziocinio aveva dimo-
strata morta, era pur sentire il bisogno di riprendere la dimostrazione. Il Leopardi non affronta nelle *Operette*, né in altro dei suoi scritti, il problema di questa vita incoercibile che risorge dalla sua più fiera
negazione. Ma sente oscuramente questa difficoltà, non superata nei
primi due gruppi de' suoi dialoghi. Tutto l'argomentare della sua filosofia non genera la convinzione che ne dovrebbe derivare: la convinzione che arma la mano di Bruto contro se stesso, e fa gittare dalla misera Saffo «il velo indegno», per rifuggirsi ignudo animo a Dite, e così
emendare il crudo fallo del destino. L'amor della vita non è vinto: la
Natura ha detto all'Anima che le infinite difficoltà e miserie, a cui
vanno incontro i grandi, «sono ricompensate abbondantemente dalla
fama, dalle lodi e dagli onori che frutta a questi egregi spiriti la loro
grandezza, e dalla durabilità della ricordanza che essi lasciano di sé ai
loro posteri».

Ebbene, questa gloria, che già non arride all'anima, quando natura
gliel'addita, questa gloria abbelliva pure agli occhi del Leopardi questo mondo di morti, in cui gli sembrava di vivere. Filippo Ottonieri,
che è lui stesso, potrà esser «vissuto ozioso e disutile, e morto senza
fama», come dice il suo epitaffio, ma sentiva bene d'esser «nato alle
opere virtuose e alla gloria». Questa gloria, che è il premio della grandezza e la sublime consolazione dei grandi infelici, che tanto più saran
grandi quanto più sentiranno la loro infelicità, e più quindi saranno
infelici, è la lode che nell'animo degli altri e pei secoli riecheggia la
lode stessa che il grande tributa egli alla propria grandezza nella

[40] *Pensieri*, I, 351, 349. Cfr. lett. del 6 maggio 1825: «M'avveggo ora bene che, spente che sieno le passioni, non resta negli studi altra fonte e fondamento di piacere che una vana curiosità, la soddisfazione della quale ha pur molta forza di dilettare: cosa che per l'addietro, finché mi è rimasta nel cuore l'ultima scintilla, io non potevo comprendere», *Epist.*, I, 547-48.

coscienza felice del suo genio. La sua sostanza è veramente in questa lode interna e soggettiva: la sua esteriorità è in quella eco che si ripercuote lontano, e ferma, e pare consolidi il valore onde il genio vede illuminata la propria opera. Il Leopardi, nudrito la mente dei concetti classici e delle idee materialistiche del sec. XVIII, cerca la realtà di questa gloria, in cui lo spirito attinge la propria liberazione da tutte le miserie, in quella eco esterna, in quel consenso che in fatto altri verrà tributando alla nostra grandezza. E perciò si trova in faccia al problema del valore tuttavia superstite della grandezza spirituale, veduto in questa forma: l'anima grande e infelice è destinata essa alla gloria? o la speranza è fallace, come tutte quelle che ei rimpiangerà dileguate nelle *Ricordanze*? [41] Ed ecco il *Parini*, che tante difficoltà mostra opporsi all'acquisto di questa gloria, specialmente nell'età moderna e nel mondo presente, da farla apparire mèta inattingibile. Talché vien meno anche questa aspettazione, e al grande non rimane che seguire il suo fato, dove che egli lo tragga, con animo forte, adoprandosi nella virtù, perché la natura stessa lo fece nascere alle lettere e alle dottrine.

Dileguata quest'ultima consolazione, la sola che si possa chiedere alla stessa eccellenza dell'animo, quando altra realtà, e fonte eventuale di gioia, non si vegga da quella che l'animo mira esterna a se stesso, qual porto rimane allo stanco spirito umano? Vivere infelice? E

---

[41] Dove, nel 1829, canterà:

> O speranze, speranze; ameni inganni
> Della mia prima età! sempre, parlando,
> Ritorno a voi; che per andar di tempo,
> Per variar d'affetti e di pensieri,
> Obbliarvi non so. Fantasmi, intendo,
> Son la gloria e l'onor; diletti e beni
> Mero desio; non ha la vita un frutto,
> Inutile miseria.

sia; ma se non si può né anche farsi un monumento della propria
infelicità?

> Sola nel mondo, eterna, a cui si volve
> Ogni creata cosa.
> In te, morte, si posa
> Nostra ignuda natura,
> Lieta no, ma sicura
> Dall'antico dolor.

La risposta viene dai morti, che si svegliano per un quarto d'ora
nello studio di Ruysch, e cantano, e descrivono questa loro sicurezza
dall'antico dolor, nella quale vivono immortali: senza speme, ma non
in desio, come le anime del limbo dantesco:

> Profonda notte
> Nella confusa mente
> Il pensier grave oscura;
> Alla speme, al desio, l'arido spirto
> Lena mancar si sente:
> Così d'affanno e di temenza è sciolto,
> E l'età vote e lente
> Senza tedio consuma.

Vita vuota, dunque, anche quella: ma senza sentimento. Vero
porto, in cui il povero Islandese finalmente avrà pace, e in cui si può
giungere in un languore di sensi senza patimento, com'è degli ultimi
istanti della vita, quando sopravvive solo un senso «non molto dissi-
mile dal diletto che è cagionato agli uomini dal languore del sonno,
nel tempo che si vengono addormentando». Dolce morte liberatrice!
— Ma prima che la morte ci abbia sciolti dal tedio? — Filosofare,

come Filippo Ottonieri, il socratico, che «spesso, come Socrate, s'intratteneva una buona parte del giorno ragionando filosoficamente ora con uno ora con altro, e massime con alcuni suoi familiari, sopra qualunque materia gli era somministrata dall'occasione». E per tal modo filosofava sempre, non per farne trattati (che, al pari di Socrate, non credeva giovasse mettere la filosofia in iscritto e irrigidirla in formule che non risponderanno più ai mutevoli bisogni dell'animo), ma per intendere senza pregiudizi e senza illusioni la vita, e adattarvisi da saggio, tralasciando ogni vana querimonia: come aveva detto Spinoza: *non ridere, non lugere, neque detestari, sed intelligere.* Questo l'ideale dell'Ottonieri, che vivrà ozioso e disutile, e morrà senza fama, ma «non ignaro della natura né della fortuna sua». E con la sua pacata magnanimità e la sua bonaria ironia rinnoverà l'immagine di Socrate, anche in questa modesta, anzi umile coscienza del sapere, e quindi, per lui, del potere umano. L'Ottonieri vuol essere quasi la filosofia delle *Operette* fatta vita e persona.

Ma, oltre la filosofia, non v'è altro rimedio alla noia? Sì: c'è la rupe di Leucade. Ce lo insegna Cristoforo Colombo, in una bella notte vegliata sull'oceano sterminato e inesplorato col fido Gutierrez, confidando all'amico che anche in lui vacilla la fede e che, in verità, «ha posto la vita sua e de' compagni sul fondamento d'una semplice opinione speculativa» che può fallirgli. Ma, egli soggiunge, «quando altro frutto non venga da questa navigazione, a me pare che ella ci sia profittevolissima in quanto che per un tempo essa ci tiene liberi dalla noia, ci fa cara la vita, ci fa pregevoli molte cose che altrimenti non avremmo in considerazione. Scrivono gli antichi, come avrai letto o udito, che gli amanti infelici, girandosi dal sasso di Santa Maura (che allora si diceva di Leucade) giù nella marina, e scampandone, restavano, per grazia di Apollo, liberi dalla passione amorosa. Io non so se egli si debba credere che ottenessero questo effetto; ma so bene che, usciti di quel pericolo, avranno per un poco di tempo, anco senza il

favore di Apollo, avuta cara la vita, che prima avevano in odio; o pure
avuta più cara e più pregiata che innanzi. Ciascuna navigazione è, per
giudizio mio, quasi un salto dalla rupe di Leucade».[42] E navigazione
è ogni rischio della vita, ogni azione eroica. O filosofare, dunque,
come Ottonieri; o navigare come Colombo, e far guerra al tedio, e
riafferrarsi insomma alla vita, finché la morte non ce ne liberi.

E lo stesso giorno[43] che finiva di scrivere il *Dialogo di Colombo e
Gutierrez* (25 ottobre 1824) il Leopardi, nel fervore dell'animo commosso da questa coscienza del valore e quasi gusto della vita riconqui-
stato mercé l'attività, — di questa *grandezza felice*, — mette mano al
bellissimo *Elogio degli uccelli*: lirica stupenda, sgorgatagli dal pieno
petto, al guizzo d'una immagine lieta e ridente: di queste creature
amiche delle campagne verdi, delle vallette fertili e delle acque pure e
lucenti, del paese bello e dei soli splendidi, delle arie cristalline e dolci
e di tutto ciò che è ameno e leggiadro, e rasserena e allegra gli animi;
e che, col perpetuo movimento e col canto che è un riso, sono simbolo di quella vita piena d'impressioni, che non conosce tedio, anzi è
tutta una gioia. E ci fanno amar la natura, che ebbe un pensiero
d'amore, assegnando a un medesimo genere d'animali il canto e il
volo; «in guisa che quelli che avevano a ricreare gli altri viventi colla
voce, fossero per l'ordinario in luogo alto; donde ella si spandesse
all'intorno per maggiore spazio, e pervenisse a maggior numero di
uditori». Così viva è l'intuizione della gioia gentile che il poeta riceve
da questa vaga immagine degli uccelli, che è già appagato il desiderio
finale di questo *Elogio*: «Io vorrei, per un poco di tempo, essere convertito in uccello, per provare quella contentezza e letizia della loro
vita». Non ha cantato qui anch'egli la gioia?

---

[42] Cfr. *Pens.*, I, 193.

[43] Cfr. sopra, p. 116, n. 1.

È un favoloso uccello, il Gallo silvestre, di cui parlano alcuni scrittori ebrei, che sta sulla terra coi piedi, e tocca colla cresta e col becco il cielo, con un altro cantico vibrante gli dirà l'ultima parola di questa filosofia della vita, attenuando bensì il tono della lirica precedente, e smorzando l'entusiasmo, al quale mai come in questo caso s'era abbandonata l'anima del poeta; e additandogli anzi lontano il pauroso nulla di tutte le cose, e la morte, a cui ogni parte dell'universo s'affretta infaticabilmente, ma pur rasserenandogli l'animo con la fresca sensazione del puro e frizzante aer mattutino, ravvivatore e rinfrancatore. Sensazione già nota al Poeta:

La mattutina pioggia, allor che l'ale
Battendo esulta nella chiusa stanza
La gallinella, ed al balcon s'affaccia
L'abitator de' campi, e il sol che nasce
I suoi tremuli rai fra le cadenti
Stille saetta, alla capanna mia
Dolcemente picchiando, mi risveglia;
E sorgo, e i lievi nugoletti, e il primo
Degli augelli sussurro, e l'aura fresca,
E le ridenti piagge benedico... [44]

Canta il Gallo silvestre per destare i mortali dal sonno: «Il dì rinasce: torna la verità in sulla terra, e partonsene le immagini vane. Sorgete; ripigliatevi la soma della vita: riducetevi dal mondo falso nel vero». La fiera soma! Meglio, meglio dormire, e non destarsi; ma verrà la morte a liberar dalla vita. «Ad ogni modo», dice il Gallo, la terribile voce che riempie di sé il mondo, e canta questa corsa univer-

---

[44] *La Vita solitaria* (1821), vv. 1-10.

sale alla morte, «ad ogni modo, il primo tempo del giorno suol essere ai viventi il più comportabile. Pochi in sullo svegliarsi ritrovano
nella loro mente pensieri dilettosi e lieti; ma quasi tutti se ne producono e formano di presente: giacché gli animi in quell'ora eziandio
senza materia alcuna speciale e determinata, inclinano sopra tutto alla
giocondità, o sono disposti più che negli altri tempi alla pazienza dei
mali. Onde se alcuno, quando fu sopraggiunto dal sonno, trovavasi
occupato dalla disperazione; destandosi, accetta novamente nell'anima la speranza, quantunque ella in niun modo se gli convenga». Ed
ecco, dunque, la speranza risorgere ogni giorno, anche se la sera finì
nella disperazione; e se il Gallo silvestre paragona la vita dell'universo
al giorno, che comincia col mattino ma va alla notte, e alla vita
umana che muove dalla lieta giovinezza incontro alla vecchiaia e alla
morte: e se termina annunziando che tempo verrà, che la stessa natura sarà spenta, e «un silenzio nudo e una quiete altissima empieranno
lo spazio immenso»; il dolce gusto della speranza mattutina e giovanile non è distrutto: perché quel tempo è molto remoto e (secondo
avvertì più tardi l'autore in una nota della seconda edizione) non
verrà mai: e la vita mortale ritorna sempre dalla notte al mattino, e la
speranza risorge, e la vita rinasce di continuo.


## VI.


Le operette dunque del terzo gruppo ricostruiscono, nella misura e
nel modo che si può secondo il Leopardi, quello che le prime dodici
hanno abbattuto. Ricostruiscono, movendo dall'estrema ruina in cui
è caduta anche la speranza della gloria, nel *Parini*. Il quale lega il terzo
gruppo ai precedenti; e fu ritirato dopo le prime due edizioni verso il

principio, e attratto nell'orbita del secondo gruppo, poiché tra la *Storia del genere umano* e il *Timandro* l'autore non volle più il *Sallustio*, e lo rifiutò e gli sostituì il *Frammento di Stratone*, collocato al diciannovesimo posto, innanzi al *Timandro*. Allora il gruppo ricomprese il *Dialogo della Natura e di un'Anima*, e il secondo *Il Parini*. E il *Frammento,* lì sulla fine dell'opera, innanzi all'epilogo apologetico, fu come l'interpretazione metafisica che da ultimo il pensiero, ripiegatosi su se medesimo, diede della propria intuizione filosofica: concezione, sullo stile delle teorie cosmologiche greche più antiche, di un universo governato da pure leggi meccaniche, com'era quello che giaceva in fondo a ogni concetto pessimistico del Leopardi: onde si tenta suggellare, nell' intenzione del Poeta, l'immagine di quella Natura che eternamente passa, e che negli ultimi detti del Gallo silvestre è rimasta «arcano mirabile e spaventoso».

Si noti che il *Sallustio* fu conservato tra le venti operette primitive anche nell'edizione di Firenze del '34, quantunque in questa fossero aggiunti i due nuovi dialoghi del *Venditore d'Almanacchi* e di *Tristano;* e si noti che in questa edizione invece non potè entrare il *Frammento di Stratone* molto probabilmente per le difficoltà già accennate, derivanti dalla materia di esso, poiché è il solo scritto crudamente materialistico, che sia tra le *Operette*. Il che, se si pensa pure al fatto che il *Frammento* fu scritto verso il maggio del '25[45] (quando il Leopardi aveva tuttavia presso di sé il manoscritto delle *Operette*, e avrebbe già fin d'allora pensato ad incorporarvelo, se questa aggiunta non avesse disordinato il disegno simmetrico del libro), dimostra all'evidenza che i dialoghi fiorentini della stampa del '34, che sappiamo scritti a Firenze due anni prima, formano un nuovo gruppo a sé, che si viene ad aggiungere alle primitive operette, senza fondervisi: come avverrà

---

[45] Cfr. Chiarini, *O.c.*, p. 251.

del *Frammento,* appena l'autore crederà potere e dover tralasciare il *Sallustio,* e sostituirlo. Perché tralasciarlo? «Forse», risponde il Mestica,[46] «perché gli parve troppo scolastico e di materia non abbastanza originale, sebbene i pensieri in esso contenuti siano conformi al suo filosofare». «Il dialogo ha poco movimento e scarso valore artistico», osserva lo Zingarelli;[47] «l'invenzione è misera, e sull'attrattiva dello strano e del fantastico prevale nel lettore un senso d'incredulità. Per queste ragioni l'autore dovette rifiutarlo, e forse anche per rispetto a Sallustio medesimo. Forse anche col passar degli anni, il Leopardi non credè più che tutta la grandezza antica perisse con Bruto e per opera di Cesare e dei cesariani». Più si è accostato al vero questa volta il Della Giovanna:[48] «Forse egli si sarà pentito delle parole crudissime che usa parlando della libertà e della patria. È ben vero che anche altrove egli lamenta la mancanza d'amor patrio e di libertà, ma in modo più vago». Il *Sallustio,* in questo cinico pessimismo, contraddice al motivo fondamentale delle *Operette*: logico nell'ordine di pensieri da cui sorse, ma ripugnante a quei sentimenti più profondi, onde la personalità del poeta abbraccia in sé e contiene, e tempera quindi e solleva a un suo particolar significato, siffatti pensieri. I quali non sono qui un sistema filosofico astratto, ma l'alimento segreto di un'anima che si riversa ed esprime in una poesia di grande respiro, la quale in tutta la sua unità risuona all'anima del lettore come una musica, secondo che osservò un amico del poeta, il Montani,[49] appena potè leggere tutta

[46] *Scritti letter. di G. L.,* II, p. 418.

[47] *Operette morali di G. L.,* p. 53.

[48] *Le prose morali di G. L.,* p. 276.

[49] Vedi la sua recensione nell'*Antologia* del gennaio 1828, N. 85, pp. 57-61, che incomincia: «Non vi è mai avvenuto una sera d'opera nuova, di entrare in teatro a sinfonia cominciata, e imaginandovi un motivo musicale diverso dal vero, trovar men bello e men significante ciò che

la collana delle *Operette*. Questo motivo fondamentale facilmente si riconosce nel preludio e nell'epilogo, onde è inquadrata nella sua naturale cornice la trilogia delle operette: ossia nella *Storia del genere umano* e nel *Timandro*: due operette, che sono affatto estranee a quello spirito, che si può dir proprio di tutte le altre, ad eccezione dell'*Elogio degli uccelli*, dove pure qua e là s'insinua a frenare l'impeto lirico di gioia e d'entusiasmo: a quello spirito, che si può definire con le parole stesse con cui il Leopardi ritrae se medesimo in una lettera al Giordani del 6 maggio 1825 (del tempo in cui forse raggiunse nel *Frammento di Stratone* l'estremo termine di questo suo stato d'animo): «Quanto al genere degli studi che io fo, come sono mutato da quel che io fui, così gli studi sono mutati. Ogni cosa che tenga di affettuoso e di eloquente mi annoia, mi sa di scherzo e di fanciullaggine ridicola. Non cerco altro più fuorché il vero, che ho già tanto odiato e detestato. Mi compiaccio di sempre meglio scoprire e toccar con mano la miseria degli uomini e delle cose, e di inorridire freddamente, speculando questo arcano infelice e terribile della vita dell'universo». Lo stesso animo, non altrettanto felicemente, ma con maggior abbandono, esprimerà tuttavia, nel '26, nell'Epistola al Pepoli:

Ben mille volte<br>
Fortunato colui che la caduca

---

poi dee sembrarvi meraviglioso? – Quando l'*Antologia*, or son due anni, pubblicò un saggio dell'operette del L. ancora inedite.... io non ne fui che leggermente colpito; mi mancava il motivo della musica. Intesone il motivo, al pubblicarsi delle operette insieme unite, mi parve d'aver acquistato nuovo orecchio e nuovo sentimento. E ne scrissi al Giordani, ch'era a Pisa, ov'oggi è il L., il quale allora stava qui nel più quieto degli alberghi (già ridotto d'allegra gente a' dì del Boccaccio), dicendogli che dalla porta di questo alla camera del suo amico più non salirei che a cappello cavato. Le operette del L. sono musica altamente melanconica...». La recensione contiene più d'una osservazione notabile. Fu scritta il 28 febbraio 1828. Sull'amicizia del L. col Montani, vedi G. Mestica, *Studi leopardiani*, Firenze, Le Monnier, 1901, pp. 332-42.

Virtù del caro immaginar non perde
Per volger d'anni; a cui serbare eterna
La gioventù del cor diedero i fati...

(si ricordi il *Cantico del Gallo silvestre*);

Della prima stagione i dolci inganni
Mancar già sento, e dileguar dagli occhi
Le dilettose immagini, che tanto
Amai, che sempre infino all'ora estrema
Mi fieno, a ricordar, bramate e piante.
Or quando al tutto irrigidito e freddo
Questo petto sarà, né degli aprichi
Campi il sereno e solitario riso,
Né degli augelli mattutini il canto
Di primavera, né per colli e piagge
Sotto limpido ciel tacita luna
Commoverammi il cor; quando mi fia
Ogni beltate o di natura o d'arte,
Fatta inanime e muta; ogni alto senso,
Ogni tenero affetto, ignoto o strano;
Del mio solo conforto allor mendico,
Altri studi men dolci, in eh' io riponga
L'ingrato avanzo della ferrea vita,
Eleggerò. L'acerbo vero, i ciechi
Destini investigar delle mortali
E dell'eterne cose...
In questo specolar gli ozi traendo
Verrò: che conosciuto, ancor che tristo,
Ha suoi diletti il vero.

Questo era stato il suo ideale nelle *Operette*: speculare, scoprire, frugare la miseria degli uomini e di tutto, e inorridire, ma con petto irrigidito e freddo. Se non che nel '25, nel caldo ancora dell'opera, poteva credere di aver raggiunto già questo stato d'animo; l'anno dopo egli, più ingenuamente, o meglio con maggior consapevolezza, sente che il suo petto sarà forse un giorno, non è ancora, al tutto irrigidito e freddo; non è eterna la gioventù del cuore, né in lui, né in altri, ma non è ancora del tutto tramontata. Così nelle *Operette* il freddo inorridire e il disprezzo d'ogni cosa che tenga di affettuoso e di eloquente è un desiderio, un programma, un proposito; ma non è, né può essere il suo stile, poiché né ogni bellezza ancora gli è inanime e muta, né ogni alto senso, ogni tenero affetto ignoto e strano. E questo sente bene e proclama il Poeta nel dialogo di Timandro e di Eleandro; dove a Timandro che, secondo la filosofia di moda, fa alta stima dell'uomo e del progresso di cui egli è capace, ed è insomma un ottimista, il pessimista, che sente invece per l'uomo un'alta pietà, il futuro cantore della *Ginestra*, protesta di non essere un Timone (per quanto non abbia sdegnato la parte di Momo di fronte a Prometeo): «Sono nato ad amare, ho amato, e forse con tanto affetto quanto può mai cadere in anima viva.[50] Oggi, benché non sono ancora, come vedete, in età naturalmente fredda, né forse anco tepida» (aveva appena ventisei anni!); «non mi vergogno a dire che non amo nessuno, fuorché me stesso, per necessità di natura, e il meno che mi è possibile». Dove ognun vede che realmente certo invincibile pudore arresta Eleandro innanzi alla conseguenza delle sue dottrine; e si ripiglia subito infatti: «Contuttociò sono solito e pronto a eleggere di patire piuttosto io, che esser cagione di patimento ad altri. E di questo, per poca notizia

---

[50] Ed ecco perché, scritto il dialogo, sentì di non doverlo più intitolare, come aveva pensato da principio, di *Misénore e Filénore*: egli non era davvero quell'odiatore dell'uomo (μισ-ήνωρ) che poteva parere; né vero Filénore poteva dirsi l'ottimista.

che abbiate de' miei costumi, credo mi possiate essere testimonio». L'amore degli altri si ribella alla negazione che se n' è voluto fare, e s'appella all'intima e irreprunibile attestazione del cuore. Altro che freddezza e petto irrigidito! E da ultimo Eleandro conchiude: «Se ne' miei scritti io ricordo alcune verità dure e triste, o per isfogo dell'animo, o per consolarmene col riso, e non per altro: io non lascio tuttavia negli stessi libri di deplorare, sconsigliare e riprendere lo studio di quel misero e freddo vero, la cognizione del quale è fonte o di noncuranza e infingardaggine, o di bassezza d'animo, iniquità e disonestà di azioni, e perversità di costumi: laddove, per lo contrario, lodo ed esalto quelle opinioni, benché false, che generano atti e pensieri nobili, forti, magnanimi, virtuosi, e utili al bene comune o privato; quelle immaginazioni belle e felici, ancorché vane, che danno pregio alla vita; le illusioni naturali dell'animo; e in fine gli errori antichi, diversi assai dagli errori barbari; i quali, solamente, e non quelli, sarebbero dovuti cadere per opera della civiltà moderna e della filosofia».

Dunque, ogni alto senso e tenero affetto, destato da queste illusioni, non sarà spiegabile nel mondo a cui si volgono gli occhi del Leopardi, — il mondo di Stratone da Lampsaco, o la natura dell'Islandese, — come non è spiegabile nel mondo che solo esiste per la scienza; ma non perciò è ignorato, o è divenuto estraneo al cuore del Poeta. Il quale non è Timandro, ma è bene Eleandro; e a dispetto di quella natura, che è il vero, ama gli uomini e la virtù, dichiarandola un'illusione, ma naturale, e quindi vera, quantunque contradittoria a quell'altra natura, che non conosce né amore, né bene. Inorridire freddamente, sì; ma inorridire, ed elevarsi quindi al di sopra della universale miseria, sentita come tale, e non assentirvi, non semplicemente *intelligere*, come Spinoza avrebbe voluto.

Così nella *Storia del genere umano*, vero preludio alla sinfonia delle *Operette*, quando l'uomo è pervenuto all'imo fondo di cotesta miseria, rappresentato dall'apparire in terra della Verità, spunta egualmente una divina pietà al soccorso dell'infelicità intollerabile dei mortali: «La pietà, la quale negli animi dei celesti non è mai spenta, commosse, non è gran tempo, la volontà di Giove sopra tanta infelicità; e massime sopra quella di alcuni uomini singolari per finezza d'intelletto, congiunta a nobiltà di costumi e integrità di vita; i quali egli vedeva essere comunemente oppressi ed afflitti più che alcun altro, dalla potenza e dalla dura dominazione di quel genio»: ossia appunto, della Verità. Giove, «compassionando alla nostra somma infelicità, propose agli immortali se alcuno di loro fosse per indurre l'animo a visitare, come avevano usato in antico, e racconsolare in tanto travaglio questa loro progenie, e particolarmente quelli che dimostravano essere, quanto a se, indegni della sciagura universale». Taccio tutti gli altri Dei; ma si offre Amore, figliuolo di Venere Celeste, «questo massimo, iddio», che «non prima si volse a visitare i mortali, che eglino fossero sottoposti all'imperio della Verità». Di rado egli scende, e poco si ferma, e perché la gente umana ne è generalmente indegna, e perché gli Dei molestissimamente sopportano la sua lontananza. Egli è dunque premio, che l'uomo conquista con la sua grandezza. La quale perciò è condannata sì all'infelicità del vero; ma è pur redenta e beatificata da Amore. «Quando viene in sulla terra, sceglie i cuori più teneri e più gentili delle persone più generose e magnanime; e quivi siede per breve spazio; diffondendovi sì pellegrina e mirabile soavità, ed empiendoli di affetti sì nobili, e di tanta virtù e fortezza, che eglino allora provano, cosa al tutto nuova nel genere umano, piuttosto verità che rassomiglianza di beatitudine. Rarissimamente congiunge due cuori insieme, abbracciando l'uno e l'altro a un medesimo tempo, e inducendo scambievole ardore e desiderio in ambedue; benché pregatone con grandissima istanza da tutti coloro che egli occupa: ma Giove non gli consente di compiacerli, trattone alcuni pochi; perché la felicità che nasce da tale beneficio, è di troppo breve intervallo superata dalla divina. A ogni modo, l'essere pieni del suo nume vince per se qualunque più fortunata condizione fosse in alcun uomo ai migliori tempi». Ed ecco perché il Poeta inorridisce, sia pur freddamente, allo spettacolo del tristo vero. La sua anima è calda del divino beneficio di Amore. Né può in lui la verità (quella mezza verità) contro le sacre illusioni, che né egli può respingere, né altri egli ha consigliato mai a respingere. «Dove egli si posa, dintorno a quello si aggirano, invisibili a tutti gli altri, le stupende larve, già segregate dalla consuetudine umana; le quali esso Dio riconduce per questo effetto in sulla terra, permettendolo Giove, né potendo essere vietato dalla Verità, quantunque inimicissima a quei fantasmi, e nell'animo grandemente offesa del loro ritorno: ma non è dato alla natura dei geni di contrastare agli Dei». Non può, cioè, la nostra logica non render l'arme all'arcano, che resta pel Poeta questa natura, la quale mette in cuore il bisogno della virtù, e la fa apparire poi stolta a Bruto. Infine, quella stessa giovinezza e freschezza mattinale, arrisa e ringagliardita dalla speranza, ecco, risorge per virtù di questo Amore: «E siccome i fati lo dotarono di fanciullezza eterna, quindi esso, convenientemente a questa sua natura, adempie per qualche modo quel primo voto degli uomini, che fu di essere tornati alla condizione della puerizia. Perciocché negli animi che egli si elegge ad abitare, suscita e rinverdisce, per tutto il tempo che egli vi siede, l'infinita speranza e le belle e care immaginazioni degli anni teneri. Molti mortali, inesperti e incapaci de' suoi diletti, lo scherniscono e mordono tutto giorno, sì lontano come presente, con isfrenatissima audacia: ma esso non ode i costoro obbrobri; e quando gli udisse, niun supplizio ne prenderebbe: tanto è da natura magnanimo e mansueto».

Qui non c'è satira, né riso, né fredda analisi; ma la più ferma fede e l'anima stessa del Poeta, che con la pietà di Giove accenna già da lungi alla pietà di Eleandro: e raccoglie in questo suo magnanimo e mansueto amore tutta la infelicità degli uomini e delle cose, e la purifica e sana nel gran mare tranquillo del cuore, dove le illusioni rinver-

discono ad ora ad ora in una perpetua giovinezza; e la vita vera non
è quella dell'egoismo e della barbarie, ma dell'affetto che lega le
anime con nodi divini, e della bellezza, della libertà, della patria, e di
tutte le cose nobili e alte che fan grande l'uomo.

Questo amore, che dà piuttosto verità che rassomiglianza di beatitudine, e ristaura tutta la vita umana, questo è il vero spirito delle
*Operette morali.* Pessimista, sì, ma alla Pascal, che disse: *L'homme n'est*
*qu'un roseau, le plus faible de la nature; mais c'est un roseau pensant. Il*
*ne faut pas que l'univers entier s'arme pour l'écraser: une vapeur, une*
*goutte d'eau, suffit pour le tuer. Mais, quand l'univers l'écraiserait,*
*l'homme serait encore plus noble que ce qui le tue, parce qu'il sait qu'il*
*meurt, et l'avantage que l'univers a sur lui; l'univers n'en sait rien;* sicché *la grandeur de l'homme est grande en ce qu'il se connaît misérable.*[51]

E il Leopardi nell'agosto del '23, alla vigilia delle *Operette,* e quando
il concetto di esse era già maturo: «Niuna cosa maggiormente dimostra la grandezza e la potenza dell'umano intelletto, ossia l'altezza e
nobiltà dell'uomo, che il poter l'uomo conoscere e interamente comprendere e fortemente sentire la sua piccolezza. Quando egli considerando la pluralità dei mondi, si sente essere infinitesima parte di un
globo che è minima parte degli infiniti sistemi che compongono il
mondo, e in questa considerazione stupisce della sua piccolezza e profondamente sentendola e intensamente riguardandola, si confonde
quasi col nulla, e perde quasi se stesso nel pensiero della immensità
delle cose, e si trova come smarrito nella vastità incomprensibile del-
l'esistenza; allora con questo atto e con questo pensiero egli dà la
maggior prova della sua nobiltà, della forza e della immensa capacità
della sua mente, la quale, rinchiusa in sì piccolo e menomo essere, è
potuta pervenire a conoscere e intendere cose tanto superiori alla

---

[51] *Pensées*, NN. 347 e 397 (Brunschvicg).

natura di lui, e può abbracciare e contener col pensiero questa immensità medesima della esistenza e delle cose».[52]

Questa coscienza dell'umana grandezza e sovranità sulla trista natura il Leopardi non smarrì mai; ed è l'anima di tutta la sua poesia, in cui queste *Operette* rientrano. E chi voglia intenderle, deve nel loro insieme e in ogni singola parte che le costituisce, aver l'occhio a questo punto centrale, da cui s'irradia la luce che tutte le investe e compenetra. Tutte, ad eccezione del *Sallustio*, che è negazione fredda, senza l'orrore, la ribellione dell'animo, il dolore, sia pur mascherato da amaro sorriso, che si diffonde in tutte le altre. E questo parmi il giusto motivo che indusse l'autore a sopprimerlo.


VII.


Quando nel '27 una nuova ripresa della primitiva ispirazione diede il *Copernico* e il *Plotino*, venutisi quindi ad aggiungere alle prime *Operette* già formanti un organismo, l'ispirazione non era punto mutata. Giacché il *Copernico* dimostra, secondo il detto dello stesso autore, la nullità del genere umano; e la dimostra ripigliando un'idea che contro i Timandri medievali attardati aveano già nel Cinque e Seicento svolta Bruno nella *Cena delle ceneri* e Galileo nei *Massimi sistemi*; donde la conclusione necessaria che Porfirio ricava nell'altro dialogo (che sarebbe poi la conclusione rigorosamente logica di tutta la parte negativa delle *Operette*): che sia ragionevole uccidersi. Ed egli vince a furia di argomentare (movendo da premesse, che son quel che sono, ma a lui paiono ben fondate) il suo stesso maestro, Plotino. Ma Plotino può opporgli una sapienza assai più profonda e più vera: «Sia ragionevole l'uccidersi; sia contro ragione l'accomodar l'animo alla vita: certamente quello è un atto fiero e inumano. E non dee piacer più, né vuolsi elegger piuttosto di essere secondo ragione un mostro, che secondo natura uomo».

Perché contro natura e contro umanità il suicidio, ancorché conclusione di logica inesorabile? Porgiamo orecchio, dice Plotino, «piuttosto alla natura che alla ragione. E dico a quella natura primitiva, a quella madre nostra e dell'universo; la quale se bene non ha mostrato di amarci, e se bene ci ha fatti infelici, tuttavia ci è stata assai meno inimica e malefica, che non siamo stati noi coll'ingegno proprio, colla curiosità incessabile e smisurata, colle speculazioni, coi discorsi, coi sogni, colle opinioni e dottrine misere: e particolarmente, si è sforzata ella di medicare la nostra infelicità con occultarcene, o con trasfigurarcene, la maggior parte. E quantunque sia grande l'alterazione nostra, e diminuita in noi la potenza della natura; pur questa non è ridotta a nulla, né siamo noi mutati e innovati tanto, che non resti in ciascuno gran parte dell'uomo antico. Il che, mal grado che n'abbia la stoltezza nostra, mai non potrà essere altrimenti. Ecco, questo che tu nomini error di computo; veramente errore, e non meno grande che palpabile; pur si commette di continuo; e non dagli stupidi solamente e dagl'idioti, ma dagl'ingegnosi, dai dotti, dai saggi; e si commetterà in eterno, se la natura, che ha prodotto questo nostro genere, essa medesima, e non già il raziocinio e la propria mano degli uomini, non lo spegne. E credi a me, che non è fastidio della vita, non disperazione, non senso della nullità delle cose, della vanità delle cure, della solitudine dell'uomo; non odio del mondo e di se medesimo, che possa durare assai: benché queste disposizioni dell'animo sieno ragionevolissime, e le lor contrarie irragionevoli. Ma contuttociò, passato un poco di tempo, mutata leggermente la disposizion del corpo; a poco a poco,

e spesse volte in un subito, per cagioni menomissime, e appena possibili a notare; rifassi il gusto della vita, nasce or questa or quella speranza nuova, e le cose umane ripigliano quella loro apparenza, e mostransi non indegne di qualche cura; non veramente all'intelletto, ma sì, per
modo di dire, al senso dell'animo».[53] E infine, conclude Plotino, questo *senso,* non l'*intelletto,* è quello che ci governa. Sicché è evidente che
non la filosofia negativa, che spazia dal *Dialogo d'Ercole e di Atlante*
fino al *Cantico del Gallo silvestre* e al *Frammento di Stratone,* e poi nel
*Copernico,* opera di puro intelletto, è la somma della sapienza leopardiana; ma questa stessa filosofia in quanto dichiarata stoltezza dalla
natura e da questo «senso dell'animo».

     *Senso dell'animo,* che è sempre *amore* per il Leopardi. Giacché non
la sola natura ci riattacca alla vita, sì anche un bisogno d'amore, che
a noi spetta di alimentare: «E perché», chiede Plotino, «anche non
vorremo noi avere alcuna considerazione degli amici; dei congiunti di
sangue; dei figliuoli, dei fratelli, dei genitori, della moglie; delle persone familiari e domestiche, colle quali siamo usati di vivere da gran
tempo; che, morendo, bisogna lasciare per sempre: e non sentiremo
in cuor nostro dolore alcuno di questa separazione; né terremo conto
di quello che sentiranno essi, e per la perdita di persona cara o consueta, e per l'atrocità del caso?». E dice la parola, che si va cercando
attraverso tutte le *Operette,* ma di cui può dirsi quello stesso che
Tacito dell'immagine di Bruto mancante ai funerali della sorella: *prae-
fulgebat eo ipso quod non visebatur.* «E in vero, colui che si uccide da
se stesso, non ha cura né pensiero alcuno degli altri; non cerca se non
la utilità propria; si gitta, per così dire, dietro alle spalle i suoi prossi-

---

[53] Il solo, a mia notizia, che abbia rilevato l'importanza che questo "senso dell'animo" ha nel
sistema dello spirito leopardiano, come principio di redenzione dal pessimismo, è stato il prof.
GIOVANNI NEGRI, nelle sue *Divagazioni leopardiane* (6 volumi, Pavia, 1894-99), *passim,* e
specialmente vol. V, pp. 173-77.

mi, e tutto il genere umano: tanto che in questa azione del privarsi della vita, apparisce il più schietto, il più sordido, o certo il men bello e men liberale amore di se medesimo, che si trovi al mondo».

Dunque quella grandezza non è infelicità; perché l'uomo infelice dovrebbe darsi la morte; e si ucciderebbe, se vivesse per la felicità e si attenesse quindi al calcolo dell'utile. Ma la vera vita è *non sembianza, sì verità di beatitudine* se è amore, in cui l'uomo non distingue più sé dagli altri, né agli altri antepone più se stesso. E questa è la virtù, la magnanimità, di cui parla tanto spesso il Leopardi, che non è più il dolore incomportabile che ci fa invidiare i morti, ma questo amore che ci stringe ai viventi, e ci ammonisce dal fondo del nostro cuore di uomini, come Plotino con voce tremante di affetto dice al suo Porfirio: «Viviamo, e confortiamoci a vicenda; non ricusiamo di portare quella parte che il destino ci ha stabilita, dei mali della nostra specie. Sì bene attendiamo a tenerci compagnia l'un l'altro; e andiamoci incoraggiando e dando mano e soccorso scambievolmente; per compiere nel miglior modo questa fatica della vita». Questo amore, che ci regge e riempie la vita, ci conforta la morte e ci abbellisce l'idea di questo mondo, da cui non spariremo senza sopravvivere. «E quando la morte verrà, allora non ci dorremo: e anche in quell'ultimo momento gli amici e i compagni ci conforteranno: e ci rallegrerà il pensiero che, poi che saremo spenti, così molte volte ci ricorderanno, e ci ameranno ancora».


VIII.


Amore è la prima e l'ultima parola delle *Operette*. Le quali ebbero ancora una ripresa, come dicemmo, nel '32, nei due dialoghi fiorentini: il *Venditore d'Almanacchi* e *Tristano*. Nel primo ritorna il motivo del *Cantico del Gallo silvestre*. Il venditore d'almanacchi col suo grido festoso annunzia l'anno nuovo, il tempo che ricomincia, e risveglia le speranze e promette. Ma il passeggero in cui s'incontra oppone la sua fredda riflessione a quell'impeto di vaghe e indefinite speranze, e lo conduce a considerare che «quella vita ch'è una cosa bella, non è la vita che si conosce, ma quella che non si conosce; non la vita passata, ma la futura». La vita che si conosce è la passata, mista di beni e di mali, e a cagione di questi ultimi tale che nessuno vorrebbe riviverla: vita brutta, dunque. La futura è quella che non si conosce, e che sarà egualmente brutta quando sarà passata; e sarebbe perciò non meno brutta, se noi ce la vedessimo venire incontro quale in effetti sarà. Dunque? Il Leopardi non conchiude; ma la conclusione è quella che viene dalle *Operette*: sperare non è ragionevole, poiché, come cantava il Gallo silvestre, già si corre alla morte; ma non sperare non si può; perché, è evidente, il futuro sarà brutto quando sarà passato; ma bello è finché futuro; né di questo futuro potrà mai tanto passarne che non ce ne sia sempre dell'altro, in cui possa rifugiarsi la speranza, o innanzi a cui non possa il Gallo intonare il suo canto consolatore. E la vita resta sempre con queste due facce; a vedersela innanzi, qual è, una miseria disperante; a viverla, a viverci dentro col nostro cuore, i nostri fantasmi, le nostre speculazioni e il nostro amore, una beatitudine divina.

Il 1832 fu per Giacomo l'anno della tragica prova della sua fede. Dopo dieci anni tornò la misera Saffo a rivivere nel suo animo: non però luminosa immagine della fantasia, come nell'*Ultimo canto*, ma vita del cuore stesso di Giacomo.

> Bello il tuo manto, o divo cielo, e bella
> Sei tu, rorida terra. Ahi di cotesta
> Infinita beltà parte nessuna

Alla misera Saffo i numi e Tempia
Sorte non fenno. A' tuoi superbi regni
Vile, o natura, e grave ospite addetta,
E dispregiata amante, alle vezzose
Tue forme il core e le pupille invano
Supplichevole intendo.[54]

Non meno supplichevole Giacomo guarda ad Aspasia; onde ricorderà:

Or ti vanta, che il puoi...
...Narra che prima,
E spero ultima certo, il ciglio mio
Supplichevol vedesti, a te dinanzi
Me timido, tremante (ardo in ridirlo
Di sdegno e di rossor), me di me privo,
Ogni tua voglia, ogni parola, ogni atto
Spiar sommessamente, a' tuoi superbi
Fastidi impallidir...[55]

E cadde l'inganno, e la vita, orba d'affetto e del gentile errore, fu «notte senza stelle a mezzo il verno». Ma Saffo proruppe nel grido disperato: — Morremo! — e violenta cercò l'atra notte e la silente riva. Leopardi scrisse invece *Amore e morte*; dove la morte non è più l'orrido Dite di Saffo, anzi si palesa in tutta la sua gentilezza fino alla donzella timidetta e schiva. È sorella d'Amore:

[54] *Ultimo canto di Saffo* (1822).
[55] *Aspasia* (1834).

Bellissima fanciulla,
Dolce a veder, non quale
La si dipinge la codarda gente,
Gode il fanciullo Amore
Accompagnar sovente;
E sorvolano insiem la via mortale.
Primi conforti d'ogni saggio core.[56]

È la morte sospirata dall'amante, nel languido e stanco desiderio di morire, che si sente

Quando novellamente
Nasce nel cor profondo
Un amoroso affetto,

perché già a' suoi occhi la vita diviene un deserto:

a se la terra
Forse il mortale inabitabil fatta
Vede omai senza quella
Nova, sola, infinita
Felicità che il suo pensier figura;
Ma per cagion di lei grave procella
Presentendo in suo cor, brama quiete,
Brama raccorsi in porto
Dinanzi al fier disio.
Che già, rugghiando, intorno intorno oscura.

---

[56] *Amore e morte* (1832).

E a questa morte consolatrice, che insieme con amore è quanto di bello ha il mondo, a questa morte, senza armare la mano, anzi con umile e mansueto animo, volgesi il Poeta con un sospiro di religiosa preghiera:

Bella morte, pietosa
Tu sola al mondo dei terreni affanni,
Se celebrata mai
Fosti da me, s'al tuo divino stato
L'onte del volgo ingrato
Ricompensar tentai,
Non tardar più, t'inchina
A disusati preghi,
Chiudi alla luce ornai
Questi occhi tristi, o dell'età reina.

Non già che amore e morte abbian potere di cancellare la fatale infelicità: né che l'uomo e il Leopardi abbiano, mercé loro, a lodarsi del fato. Quando Morte spiegherà le penne al suo pregare, lo troverà

Erta la fronte, armato,
E renitente al fato,
La man che flagellando si colora
Nel *suo* sangue innocente
Non ricolmar di lode,
Non benedir...

La morte è consolatrice e liberatrice da questo fato crudele: ma già Leopardi aspetta sereno quel dì ch'ei pieghi addormentato il volto nel vergineo seno di lei; e il fato è vinto nel suo animo gentile da questa aspettazione: vinto nella stessa vita. E questo è l'animo di Tristano; il quale, dopo avere con amara ironia fatta la palinodia del suo libro, conchiude che il meglio sarebbe di bruciarlo: «non lo volendo brucia-re, serbarlo come un libro di sogni poetici, d'invenzioni e di capricci malinconici, ovvero come un'espressione dell'infelicità dell'autore»; perché, soggiunge al suo amico Tristano, con accento che viene dal cuore e vibra di commozione, «perché in confidenza, mio caro amico, io credo felice voi e felici tutti gli altri; ma io, quanto a me, con licen-za vostra e del secolo, sono infelicissimo: e tale mi credo; e tutti i gior-nali de' due mondi non mi persuaderanno il contrario». Egli è flagel-lato dallo stesso fato di *Amore e morte*. «E di più vi dico francamente ch'io non mi sottometto alla mia infelicità, né piego il capo al desti-no, o vengo seco a patti, come fanno gli altri uomini; e ardisco desi-derare la morte, e desiderarla sopra ogni altra cosa... Né vi parlerei così se non fossi ben certo che, giunta l'ora, il fatto non ismentirà le mie parole.... In altri tempi ho invidiato gli sciocchi e gli stolti, e quel-li che hanno un gran concetto di se medesimi; e volentieri mi sarei cambiato con qualcuno di loro. Oggi non invidio più né stolti né savi, né grandi né piccoli, né deboli né potenti. Invidio i morti»: i morti di Ruysch, già sicuri *dall'antico dolor!* E quest'invidia, questo desiderio intenso della morte, è fiducia confortata da una speranza che non fallirà, e che già allieta di sé l'animo sottratto per lei a quel-la vita che è dolore: a quella cosa arcana e stupenda, che i morti di Ruysch possono ricordare senza tema, poiché è un passato irrevocabi-le: «Ogni immaginazione piacevole, ogni pensiero dell'avvenire, ch'io fo, come accade nella mia solitudine, e con cui vo passando il tempo, consiste nella morte»: che è un avvenire, adunque, quale il venditore di almanacchi lo prometteva.

In conclusione, ancora una volta, e sempre, l'amore trionfa del dolore, anche nella morte, che ci libera infine da quella vita che la natura e il fato danno all'uomo «di cedere inesperto». Cederebbe il suicida egoista, non il magnanimo che allarga la sua persona nell'amore, e guarda sereno alla morte amica che lo sottrarrà, e lo sottrae, alla miseria di Saffo e dell'Islandese. Quanta differenza tra la morte di cui Ercole ragiona con Atlante o quella che s'incontra nella Moda, al principio delle *Operette*; e questa morte, a cui l'animo si volge desioso alla fine delle *Operette* stesse! Il filo aureo che dall'una conduce all'altra è già nella *Storia del genere umano*: Amore figlio di Venere celeste.

IV

PROSA E POESIA NEL LEOPARDI

Questo scritto fu pubblicato prima nel *Messaggero della domenica,* a. II, nn. 8 e g, 23 febbraio e 2 marzo 1919; poi nei *Frammenti di estetica e letteratura,* pp. 347-66.

A proposito del Leopardi torna sempre in campo la questione della differenza e del rapporto tra filosofia e poesia: poiché questo poeta volle essere, e per certi rispetti nessuno può negare sia stato infatti un filosofo; ma, d'altra parte, egli stesso pare abbia voluto distinguere una cosa dall'altra, come *res dissociabiles*, e in un libro di prosa volle in forma più sistematica e più razionalmente convincente esporre quel suo pensiero da cui traeva intanto ispirazione il suo canto nelle poesie. E non importa se non ci sia una sola delle sue poesie in cui il Leopardi non ragioni la sua fede e non si sforzi di dimostrare la verità del concetto ch'egli s'era formato della vita, e che attraverso una determinata situazione personale, un paesaggio, un'immagine, si sforza costantemente di mettere in piena luce. Non importa se nessuna delle prose raccolte nelle *Operette morali* si presenti sotto la forma di scolastica dimostrazione e scevra di quel sentimento, di quella viva commozione, in cui vibra la personalità del poeta così nelle *Operette* come nei *Canti*. La distinzione pare tuttavia innegabile, poiché, non potendo altro, se ne fa una questione di quantità e di più e di meno: affermando che l'elemento filosofico predomina nelle *Operette*, e l'elemento lirico nei *Canti*. E si crede così di salvare la tesi generale, che bisogna rinunziare alla filosofia per esser poeti, e viceversa: giacché la loro natura è così diversa e ripugnante, che l'una non può esser l'altra e una sempre deve essere sacrificata.

Ma io non voglio ora affrontare la questione, che potrà sembrare tanto teoricamente difficile e delicata quanto praticamente inutile e oziosa. Nel caso del Leopardi la questione di principio è priva d'ogni interesse, perché il Leopardi, anche nelle sue prose, è indubbiamente poeta: temperamento poetico sempre, che, canti o ragioni, cioè si proponga l'una o l'altra cosa, in realtà non riesce se non ad esprimere se stesso: a vivere di quella verità che gli invade l'anima e non gli lascia modo di dubitare e di assoggettarla a quella più alta razionalità, a quella critica oggettiva che s'inquadra in un sistema, e in cui consiste propriamente una filosofia.[1] Il che non vuol dire che non abbia anche lui la sua filosofia: ma è una filosofia fatta vita e persona, fatta vibrazione e ritmo del suo stesso sentimento, incapace come tale d'acquistare intera coscienza di sé, e perciò di superarsi. È, cioè, un certo suo atteggiamento spirituale, che s'effonde nella divina ingenuità della poesia, e che riesce perciò superiore a quella dottrina che l'autore si sforza consapevolmente di formulare.

Superiore perché, — ormai è noto agli studiosi più attenti della sua poesia — questa ha pel poeta un contenuto pessimistico, e per noi, invece, ha un contenuto ottimistico. La vita infelice, necessariamente e fatalmente infelice, è ciò che il poeta aveva innanzi agli occhi, vedeva e si proponeva di cantare. Ma poiché quella vita che ogni poeta canta non è quella che ha innanzi agli occhi, bensì quella che ha dentro al cuore, e però ogni poeta canta non la vita quale egli la vede, ma il cuore con cui egli la guarda; e poiché il cuore di Giacomo Leopardi era, come egli disse una volta, «nato ad amare», ed aveva «amato, e forse con tanto affetto quanto può mai cadere in anima viva», così, in realtà, tema del suo canto non fu mai quella brutta vita, che è piena di dolore, ma quell'altra che egli più profondamente sen-

---

[1] Vedi ora il mio scritto *Arte e religione*, nel *Giorn. crit. d. filos. ital.*, I (1920), pp. 262-76; e nel vol. *Dante e Manzoni*, Firenze, Vallecchi, 1923.

tiva, redenta dall'amore, la quale «dà piuttosto verità che rassomiglianza di beatitudine».[2]

Poiché appunto qui è il divario tra pessimismo e ottimismo: che il primo vede la vita quale apparisce nella natura considerata dal punto di vista materialistico, brutale, sorda ai bisogni e alle finalità dello spirito, chiusa in sé di contro alle aspirazioni dell'anima umana bisognosa di amore e di consenso, ossia di un mondo conforme alla sua vita e a lei consentaneo; e l'altro invece crede nello spirito, nel valore de' suoi ideali, e nell'energia dell'amore che sola è capace di realizzare un tale valore. Il mondo del pessimista è il mondo dell'egoismo, per cui il dovere e la virtù sono mere illusioni, e il mondo dell'ottimista è il mondo in cui la più salda e vera realtà è quella che risponde alle esigenze dell'animo. E la verità è questa: che il Leopardi, pessimista di filosofia, e quasi alla superficie, fu invece ottimista di cuore, e nel profondo dell'animo: tanto più acutamente pessimista, col progresso della riflessione, e tanto più altamente e umanamente ottimista. Basta confrontare la canzone *All'Italia* con *La Ginestra*. Di qui la sublime bellezza della sua poesia, dove la bestemmia e lo strazio della disperazione si smorzano e dissolvono nella commossa e tenera effusione di un'anima angosciosamente agitata da un bisogno di amore universale e da un'incoercibile fede nella virtù e nella realtà dell'ideale. Egli non ha la filosofia di questo superiore ottimismo in cui rimane assorbita la sua iniziale visione pessimistica; e continua a dire che la sua è sempre la filosofia del *Bruto Minore*;[3] ma l'anima, che non perviene al concetto filosofico di quella realtà che è per lei la vera e suprema realtà, raggiunge bensì la forma poetica della sua espressione in modo pieno e perfetto.

[2] *Storia del genere umano.*
[3] Lett. al De Sinner del 24 maggio 1832.

Se cerchiamo in lui il filosofo, avremo lo scettico, ironista, materialista piuttosto mediocre nell'invenzione, dove riesce facile scoprire quanto egli debba ai libri che lesse, e come pronto fosse ad attingere dalle fonti più disparate tutto ciò che comunque paresse giovare a conferma delle sue idee: mediocre nell'esposizione od elaborazione della materia, per evidente inesperienza del metodo filosofico e insufficiente familiarità coi grandi pensatori di tutti i tempi. Ma chi legga il Leopardi e si fermi a ciò che in lui è mediocre, non ha occhi né anima per vedere che cosa c'è propriamente in lui che è vivo ed eterno e grande: ciò per cui anche a chi pedanteggi la sua poesia s'impone e suscita un'eco solenne nell'animo. In questo senso bisogna pur dire che in Leopardi non si deve cercare e non c'è il filosofo: ma c'è un'anima, che rifulge in tutto lo splendore della sua grandissima umanità. C'è insomma il poeta.

Anche nelle sue *Operette*. Le quali io credo di avere definitivamente dimostrato,[4] con argomenti esterni, attestanti nella maniera più esplicita l'intenzione di esso il Leopardi, e con argomenti interni, desunti dallo svolgimento del pensiero e dagli evidenti legami onde le singole operette sono congiunte tra loro per graduali passaggi di atteggiamenti spirituali e di sentimenti dal primo all'ultimo anello, che non sono una raccolta, ma un organismo, un tutto unico, che si articola dentro di se stesso e si conchiude. Si conchiude tra un preludio e un epilogo in una opera, che è un poema, e non è un trattato: un libro di poesia, anch'esso, e non di contenuto didascalico e speculativo. Il quale si compone originariamente di venti capitoli, scritti tutti nel 1824, in un anno di lavoro felice, ma con un intervallo tra i primi quattordici e gli altri sei: in guisa da suggerire il sospetto che la ripresa, da cui trasse origine l'ultima parte, svolgendosi in sei capitoli, potesse trovare riscontro nella prima serie: dalla quale sottraendo il

---

[4] Vedi il capitolo precedente.

primo e l'ultimo capitolo, quello perché introduzione e questo perché apologia e conchiusione di tutta la serie, si ottengono infatti dodici capitoli, che naturalmente si dividono in due gruppi di sei capitoli ciascuno; e ciascun gruppo è destinato a svolgere un certo motivo, e quindi forma un ritmo a sé. Sospetto confermato da alcuni spostamenti dall'autore introdotti nel primitivo ordine cronologico, e poi costantemente mantenuti, salvo una sostituzione che nella terza edizione del libro (1834) mise uno scritto del 1825, per l'innanzi non potuto mai pubblicare, al posto di un capitolo del primo gruppo: capitolo abolito allora perché infatti non armonico né col gruppo, né con tutta l'opera.

La distribuzione, è ovvio, non può avere se non una importanza relativa. È ragionevole pensare che fosse voluta e curata dall'autore. Il quale egualmente non volle mai rispettare l'ordine cronologico nelle edizioni da lui curate dei *Canti*, e diede loro un ordinamento ideale, che per lui aveva un valore, e che per i lettori ed interpreti non può essere perciò trascurabile. Ma il fatto stesso che tutte e venti le operette furono scritte successivamente, l'una dopo l'altra, nello stesso periodo di tempo, e hanno tutte un prologo generale e un unico epilogo, dimostra evidentemente che i loro singoli gruppi non si possono considerare separatamente, quasi ognun d'essi formasse un tutto a sé.

La distribuzione del nucleo principale delle *Operette* in tre gruppi di sei capitoli ciascuno, con a capo un capitolo introduttivo e in fondo un altro capitolo conclusivo, può servire soltanto a renderci attenti per leggere le varie parti del libro cercandovi tre motivi fondamentali, che nel pensiero dell'autore si fondono in un solo ritmo complessivo, e formano l'unità organica del libro; e in questo modo può servire quasi di chiave a un libro, che fino a ieri si leggeva qua e là, scegliendo l'uno o l'altro capitolo, come se ciascuno stesse da sé. E non occorre dire che ci vuole discrezione, e non bisogna pretendere un taglio netto tra un gruppo e l'altro, e una soluzione di continuità che non si sa perché l'autore avrebbe dovuto introdurre una prima e una seconda volta nel corso della sua unica opera.

Discrezione che non vedo, per esempio, nel professor Faggi,[5] quando del *Dialogo di Malambruno e Farfarello*, che resta collocato alla fine del primo gruppo e da servire quindi come passaggio al secondo, mi domanda: «Ma non potrebbe stare anche nel secondo, poiché è una affermazione chiara ed esplicita dell'infelicità assoluta dell'esistenza, onde si conchiude che, assolutamente parlando, il non vivere è sempre meglio del vivere?». Ma io non avevo eretto nessuna muraglia tra il primo gruppo concluso da questo dialogo di Malambruno e Farfarello e il secondo aperto da quello della Natura e di un'Anima; anzi, dopo aver mostrato il pensiero dominante nel primo gruppo, additavo in Malambruno quell'anima che si ritrova di fronte alla Natura al principio del nuovo ciclo; e tra i due dialoghi successivi non un salto, anzi un passaggio naturale e come insensibile ove non si osservi che quella che nel primo ciclo è una constatazione, un'osservazione di fatto, diventa nel secondo ciclo il problema.

Il Faggi, tratto forse in inganno da alcune parole da me usate incidentalmente, mi fa dire che la differenza tra primo e secondo periodo in questa trilogia delle *Operette* consisterebbe, secondo me, in ciò: che nel primo «l'infelicità del genere umano si considera particolarmente nell'età moderna come effetto più che altro della volontà pervertita dell'uomo e della civiltà», e nel secondo invece, «questa infelicità si considera come legge imprescindibile e ineluttabile dell'umanità o del mondo in genere»; sicché «la Natura, che nella prima ipotesi apparisce fonte in sé ancora inesausta di vita e di felicità, apparisce invece nella seconda vero principio di ogni male e di ogni dolore».

---

[5] *Una nuova edizione delle «Operette morali» di G. L.*, nel *Marzocco* del 2 febbraio 1919.

Cotesta sarebbe la nota differenza osservata dallo Zumbini tra la prima fase «storica» del pessimismo leopardiano, e la seconda metafisica o cosmica. Ma non corrisponde per l'appunto alla distinzione da me indicata, tra il concetto del primo e quello del secondo gruppo delle *Operette*. Nel primo, io dissi, l'animo del poeta vien posto in faccia alla morte e al nulla: «ossia al vuoto della vita, non più degna d'essere vissuta; poiché degna sarebbe la vita inconscia, e la vita dell'uomo è senso, coscienza. La vita nella felicità è la natura; e l'uomo se ne dilunga ogni giorno più con la civiltà, con l'irrequieto ingegno, che assottiglia la vita, e la consuma».

Qui il pessimismo storico è già superato, e Malambruno può dire che «assolutamente parlando» il non vivere è meglio del vivere. Lo può affermare, perché la vita umana, fin da principio e per sua natura, è senso, coscienza, e si è strappata a quell'ingenuità istintiva e affatto inconsapevole, che è pura animalità. «Può parere», scrissi io, «che la morte dell'umanità, la sua nullità o infelicità sia, nei dialoghi del primo gruppo, una colpa dei degeneri nepoti»: poiché infatti civiltà è aumento progressivo di coscienza e di pensiero. Ma in realtà, fin dalle origini, insieme col sapere, che fa uomo l'uomo, c'è già il dolore, ed il destino dell'uomo è fissato. Malambruno perciò è benissimo al suo luogo alla fine del primo ciclo.

Il secondo ciclo ricava la conseguenza pratica della verità scoperta nel primo. E si apre infatti col *Dialogo della Natura e di un'Anima*, nel quale dalla proporzione del dolore con la grandezza dell'uomo (il cui progresso e perfezione consiste nell'acquisto di sempre maggior copia di sentimento che gli fa sentire sempre più acuto il dolore dell'esistenza) deduce, che dunque è meglio spogliarsi dell'umanità, o delle doti che la nobilitano, e farsi «conforme al più stupido e insensato spirito umano» che la natura abbia mai prodotto in alcun tempo. Negare l'umanità, rinunziare a ciò che fa il pregio della vita, rinunziare ad affiatarsi con la Natura indifferente, che ci respinge da sé, ossia rinunziare alla vita: e rassegnarsi alla vita vuota, al tedio, all'inerzia. Laddove il primo ciclo addita all'uomo l'abisso che con la coscienza s'è aperto tra lui e la natura, il secondo gli fa sentire il destino a cui gli conviene di rassegnarsi, rinunziando a quella natura che non è per lui, e a quella vita che soltanto nella natura potrebbe spiegarsi.

Il primo ciclo è una negazione, per così dire teoretica; il secondo è la negazione pratica, che consegue dalla prima negazione. La conclusione dovrebbe essere quella di Bruto minore e di Saffo, il suicidio; non è però la conclusione del Leopardi, il quale non finisce con l'*Ultimo canto di Saffo*, ma con la *Ginestra*. E perché quella di Bruto non sia la sua conclusione è detto nel terzo ciclo delle *Operette*. Il quale svolge questo motivo: che quella vita che certamente non ha valore, perché è dolore e perciò negazione della vita che noi vorremmo vivere, ripullula rigogliosa e incoercibile dalla sua stessa negazione.

La vita è abbarbicata all'anima umana; e questa, attraverso le attrattive e le lusinghe della gloria, la stessa contemplazione della morte liberatrice, porto sicuro da tutte le tempeste, come la cantano i morti di Ruysch, attraverso una filosofia che sappia intendere e sorridere con la magnanimità bonaria di un Ottonieri, attraverso gli stessi rischi in cui la vita si perde e si riconquista col gusto di una cosa nuova, e in generale attraverso l'attività, il movimento, la passione e la speranza che non vien mai meno; ma sopra tutto, attraverso l'amore che ci fa ricercare nell'uomo, nell'*umana compagnia*, quello che la natura ci nega anche nella piena coscienza della propria infelicità fatale e immedicabile, vive e sente la gioia d'una vita che trionfa del destino fatto all'uomo dalla natura.

Una soluzione dunque del problema della vita nei tre cicli delle *Operette morali* c'è. Ma è una filosofia? È evidente che no: perché la via che filosoficamente si dovrebbe seguire per superare il pessimismo radicale dei primi due cicli è, senza dubbio, quella per cui l'anima dello scrittore si avvia e spontaneamente e vigorosamente procede nel terzo; ma questo non è una dottrina, bensì lo slancio naturale dello spirito che risorge con tutte le sue forze dalla negazione pessimistica. E il pessimismo, in linea di teoria, rimane la verità assoluta e insuperabile. Il Leopardi sente bensì e vive la verità superiore, ma non riesce a darle forma riflessa e speculativa. Egli sperimenta in sé ed attesta coi moti del suo animo la potenza dello spirito, che anche nell'uomo che s'immagina schiavo e vittima della natura, trionfa della forza tirannica e feroce di questo brutto potere, e vive, e gusta la gioia di questa sua vita in cui consiste la realtà dello spirito. E in questo balsamo, che il suo animo sparge così su tutte le piaghe che ha aperte e che ha fissate inorridito, in questa dolcezza che sana ogni dolore, in quest'idealità che sopravvive a ogni negazione, qui è la personalità, qui è la poesia del Leopardi. Così, ripeto, nelle *Operette*, come nei *Canti*.

Si rilegga l'affettuosa parlata di Eleandro onde si conchiuse da prima tutta là serie delle *Operette*; o il discorso di Plotino, con cui il libro tornò ad essere suggellato nelle aggiunte posteriori; e si neghi, se è possibile, che il centro e l'accento principale dello spirito leopardiano è in quel «senso dell'animo», com'egli dice, che, agli occhi suoi, lega l'uomo all'uomo, e con l'amore, vincolo soave insieme ed eroico, instaura un ordine morale inespugnabile a ogni riflessione scettica, e superstite infatti (com'è detto nella *Storia del genere umano*) a quella fuga di tutti i lieti fantasmi che è prodotta dal sorgere della verità tra gli uomini. L'animo del Leopardi, come quello di Porfirio, non si scioglie dalla vita, anzi vi si stringe vieppiù, e la trova, malgrado tutto, degna d'esser vissuta, per quel che dice appunto Plotino: «E perché non vorremo noi avere alcuna considerazione degli amici; dei congiunti di sangue; dei figliuoli, dei fratelli, dei genitori, della moglie; delle persone familiari e domestiche, colle quali siamo usati di vivere da gran tempo: che morendo, bisogna lasciare per sempre: e non sentiremo in cuor nostro dolore di questa separazione; né terremo conto di quello che sentiranno essi, per la perdita di persona cara e consueta, e per l'atrocità del caso?». Questo non è un argomento filosofico, ma un cuore che trema in ogni parola; e ogni parola si sente come velata dal pianto dell'anima che il dolore apre ed espande nell'amore.

— Ma è proprio vero, torna a domandarmi il professor Faggi, che amore sia la prima e l'ultima parola delle *Operette*? — Ecco: che la *Storia del genere umano* faccia consistere tutto il pregio, la bellezza e la felicità della vita nell'amore, mi pare sia così chiaro dalle ultime pagine del mito, che nessuno possa dubitarne. E non vedo che ne dubiti lo stesso Faggi. Il quale dubita piuttosto che amore sia l'ultima parola del libro. Non gli pare che sia nella prima forma di questo, quando finiva col *Dialogo di Timandro e di Eleandro*; né che sia nella forma definitiva, quando all'ultimo posto fu collocato il *Dialogo di Tristano e di un Amico*. La compassione di Eleandro, egli dice, «non è amore: tant'è vero che questo dialogo dovea dapprincipio intitolarsi *Misénore e Filénore*, e Misénore, cioè odiatore dell'uomo, doveva essere il Leopardi». Ma il Faggi non ha badato che (come avrebbe potuto vedere da tutte le varianti che io ho tratte dall'autografo) cotesto titolo, poi mutato dall'autore nell'altro con cui pubblicò il dialogo, non solo fu ideato quando ancora il dialogo era da scrivere, ma mantenuto fino alla fine della composizione del dialogo stesso. Sicché il concetto di Misénore è puntualmente quel medesimo che vediamo incarnato in Eleandro: in chi cioè non si oppone propriamente all'amatore degli uomini, ma si oppone soltanto a chi, anzi che Filénore, merita d'esser detto Timandro, perché eccessivamente valuta, col domma della perfettibilità progressiva, il potere umano di impadronirsi della felicità. L'uomo del Leopardi non è l'uomo vantato e millantato dagl'illuministi del secolo XVIII e dai progressisti del suo secolo: l'uomo dalle *magnifiche sorti e progressive* del Mamiani: è l'uomo vittima della natura e però degno di compassione.

La compassione non è amore; certo. Ma ne è la radice. E perciò

Giove, mosso da pietà, nella *Storia del genere umano*, manda Amore fra gli uomini. Perché solo l'amore lenisce i dolori, per cui si commisera l'infelice; e se Eleandro, dopo aver protestato con un grido che gli si sprigiona dal più profondo del cuore: «Sono nato ad amare, ho amato, e forse con tanto affetto quanto può mai cadere in anima viva», soggiunge: «Oggi non mi vergogno a dire che non amo nessuno, fuorché me stesso, per necessità di natura, e il meno possibile»; l'aggiunta è un'asserzione voluta dalla coerenza del sistema pessimistico della vita che Eleandro oppone al dommatico ottimismo di Timandro; ma si smentisce subito continuando: «Con tutto ciò sono solito e pronto a eleggere di patire piuttosto io, che esser cagione di patimenti ad altri». E questa è compassione, che è pure una sorta di amore.

Che se Tristano non sa più pensare se non alla morte, questa morte (come credo di aver chiarito abbastanza col riscontro di quel dialogo con i canti dell'amore fiorentino, *Aspasia* e *Amore e morte*), non è la disperazione della vita, cantata da Bruto minore e da Saffo, ma è la bellissima fanciulla che

> Gode il fanciullo Amore
> Accompagnar sovente;

la *bella morte, pietosa*, sospirata in quel languido e stanco desiderio di morire che sorge col nascere d'un amoroso affetto. E l'ironia, così nel *Timandro* come nel *Tristano,* non è rivolta contro la vita confortata dall'amore, bensì contro quel volgare ottimismo che parla il fatuo linguaggio di Timandro e dell'amico di Tristano.

Vero è che per leggere Leopardi non bisogna tanto badare a quello che egli dice, ma al modo piuttosto in cui lo dice, al tono delle sue parole, in cui propriamente consiste la sua anima, e quindi la vita e il valore della sua prosa. Che io perciò desidero considerare più come poesia che come argomentazione. E perciò non posso accettare quel che il Faggi dice del *Dialogo di Torquato Tasso e del suo Genio familiare* e dell'*Elogio degli uccelli.*

Come mai, mi domanda del primo, «appartiene al secondo gruppo e non al terzo? Anche questo dialogo è senza dubbio... una ricostruzione; e, per questo lato, vale il *Dialogo di Cristoforo Colombo e di Pietro Gutierrez*». Infatti, egli osserva, «non dee spaventare la differenza che c'è fra un uomo chiuso nelle quattro mura d'una prigione e un altro che corre a vele spiegate l'Oceano infinito. Il Tasso prova nello spirituale colloquio col suo Genio familiare press'a poco la stessa soddisfazione che il grande Genovese nel suo fortunoso viaggio. Tutt'e due han trovato la maniera di fuggire la noia, questa compagna indivisibile dell'esistenza. Quando altro frutto non ci venga da questa navigazione, dice Cristoforo Colombo a Pietro Gutierrez, a me pare che ella ci sia profittevolissima in quanto che per lungo tempo essa ci tiene liberi dalla noia, ci fa cara la vita, ci fa pregevoli molte cose che altrimenti non avremmo in considerazione. E il povero Tasso ha ricevuto tale conforto dalla conversazione col suo Genio, che, si può ritenere, il consiglio da questo datogli di ricercarlo, ov'ei lo voglia, in qualche liquore generoso, non andrà perduto. Tutt'e due, tra fantasticare o navigare, van consumando la vita: non con altra utilità che di consumarla; che questo è l'unico frutto che al mondo se ne può avere: e l'unico 'intento che l'uomo deve proporsi ogni mattina in sullo svegliarsi' ».

Ora tutto ciò, se si guarda alla nota fondamentale dei due dialoghi, non credo si possa sostenere. Lo spunto del Colombo ci è indicato dallo stesso Leopardi, che, come io ho mostrato, aveva prima concepito questo scritto col titolo di *Salto di Leucade*: e il senso o nucleo del dialogo va quindi cercato nel passo che segue alle parole citate dal Faggi, dove Colombo dice: «Scrivono gli antichi, come avrai letto o udito, che gli amanti infelici, gettandosi dal sasso di Santa Maura (che allora si diceva di Leucade) giù nella marina, e scampandone, restavano per grazia di Apollo, liberi dalla passione amorosa. Io non so se egli si debba credere che ottenessero questo effetto: ma so bene che, usciti di quel pericolo, avranno per un poco di tempo, anco senza il favore di Apollo, avuta cara la vita, che prima avevano in odio; o pure avuta più cara e più pregiata che innanzi. Ciascuna navigazione è, per giudizio mio, quasi un salto dalla rupe di Leucade; producendo le medesime utilità, ma più durevoli che quello non produrrebbe; al quale, per questo conto, ella è superiore assai. Credesi comunemente che gli uomini di mare e di guerra, essendo a ogni poco in pericolo di morire, facciano meno stima della vita propria, che non fanno gli altri della loro. Io per lo stesso rispetto giudico che la vita si abbia da molto poche persone in tanto amore e pregio come da' navigatori e soldati».

Non il consumare la vita è l'utilità del rischio, a cui Colombo espone sé e i suoi marinai, ma la gioia di riafferrarsi alla vita che nell'oceano sterminato si teme sfuggita per sempre: il gusto che si prova per ogni piccolo bene, appena ci paia di averlo perduto, se lo riacquistiamo. Il Colombo è questa gioia del pericolo vinto, ma che bisogna perciò affrontare per vincerlo.

Il *Tasso* è tutt'altra cosa. Il navigatore pregusta il piacere della vista di un cantuccio di terra: ma il povero prigioniero non conosce né spera mutamento alla sua sorte, e lasciando, com'egli dice, anche da parte i dolori, la noia solo lo uccide. La noia, di cui egli può parlare perché ne ha esperienza; ma che gli pare il destino universale degli uomini, quasi la sua prigione fosse simbolo della natura, che circonda e chiude dentro di sé l'uomo: «A me pare che la noia sia della natura dell'aria: la quale riempie tutti gli spazi interposti alle altre cose materiali, e tutti i vani contenuti in ciascuna di loro: e donde un corpo si parte, e l'altro non gli sottentra, quivi ella succede immediatamente. Così tutti gl'intervalli della vita umana frapposti ai piaceri e ai dispiaceri, sono occupati dalla noia. E però, come nel mondo materiale, secondo i Peripatetici, non si dà voto alcuno; così nella vita nostra non si dà voto: se non quando la mente per qualsivoglia causa intermette l'uso del pensiero. Per tutto il resto del tempo, l'animo, considerato anche in se proprio e come disgiunto dal corpo, si trova contenere qualche passione: come quello a cui l'essere vacuo da ogni piacere e dispiacere, importa essere pieno di noia; la quale anco è passione, non altrimenti che il dolore e il diletto».

Che egli consumi pure un po' di tempo nel colloquio col suo Genio, è vero. Ma lo consuma senza dolcezza, per confermarsi nella convinzione della sua immedicabile tristezza: «Senti. La tua conversazione mi riconforta pure assai. Non che ella interrompa la mia tristezza: ma questa per la più parte del tempo è come una notte oscurissima, senza luna né stelle; mentre son teco, somiglia al bruno dei crepuscoli, piuttosto grato che molesto. Acciò da ora innanzi io ti possa chiamare o trovare quando mi bisogni, dimmi dove sei solito di abitare».

Il Genio risponderà con amara ironia che la sua abitazione è in qualche liquore generoso. Ma il Faggi crede sul serio che ci sia qui un consiglio da prendersi alla lettera? «Cruda ironia», scrisse il Della Giovanna, che ebbe pure la strana idea di cercare negli scritti del Tasso l'eventuale fondamento storico di questo tratto. Il quale, per chi legga la prosa leopardiana con animo sensibile all'angoscia desolata che vi è sparsa dentro, non può significare altro che un realistico strappo che l'autore vuol dare alla stessa poetica illusione consolatrice dell'infelice prigioniero.

E porgendo l'orecchio all'accento commosso dello scrittore io credetti di poter dire l'*Elogio degli uccelli* lirica stupenda sgorgata al Leopardi dal pieno petto al guizzo d'una immagine lieta e ridente, e come un canto di gioia. No, oppone il Faggi, «è un elogio degli uccelli, un'opera non d'ispirazione, ma, in massima parte, di riflessione;

benché questa sia ravvivata dal soffio della poesia inerente al soggetto. Il Leopardi non intendeva di fare altro». Piuttosto egli penserebbe al *Passero solitario*; ma avverte subito da sé il carattere del tutto estrinseco del ravvicinamento, e nota che «anche quello non è un canto di gioia». Anche nell'*Elogio*, secondo il Faggi, il Leopardi è filosofo, e non è poeta. «Non ha creduto di spogliare del tutto la giornea del filosofo; che anzi egli parla per bocca di un Amelio, filosofo solitario come egli dice, che si potrebbe credere il neoplatonico, scolare di Plotino, se non lo cogliessimo a citare Dante e Tasso. Scrive, e ha davanti i suoi libri, soprattutto le opere del Buffon; si difende in una lunga digressione sull'origine e la natura del riso, suggeritagli dall'osservazione che il canto è, come a dire, un riso che fa l'uccello; e, intorbidando l'immaginazione lieta e serena in cui l'animo suo volea riposarsi, si lascia attrarre a considerare il riso umano nello scettico, nel pazzo e nell'ebbro; che non è più manifestazione sincera, o spontanea dell'animo, e non ha più quindi relazione col canto degli uccelli».

Donde s'avrebbe a concludere che il Leopardi abbia voluto scrivere sul serio l'elogio degli uccelli, proponendosi una tesi ritenuta da senno per vera, e industriandosi di dimostrarla nel miglior modo per tale.

— No, per Dio, non mi prendete alla lettera — ci ammonirebbe il poeta. Il quale ad altro proposito scriveva al padre scandalizzato dalle forme pagane di Giacomo: «Io le giuro che l'intenzione mia fu di far *poesia in prosa*, come s'usa oggi, e però seguire ora una mitologia ed ora un'altra ad arbitrio; come si fa in versi, senza essere perciò creduti pagani, maomettani, buddisti ecc.».[6] Senza essere creduti perciò zoologi o filosofi, possiamo aggiungere noi. — E del resto a quella conclusione io non credo che il Faggi abbia voluto andare incontro intenzionalmente, poiché egli pure vede «l'imaginazione lieta o sere-

na in cui l'animo del Leopardi volea riposarsi»; e rispetto alla quale
gli uccelli non sono davvero gli uccelli dello zoologo; ancorché nella
tessitura dell'Elogio l'autore si giovi spesso di reminiscenze delle sue
letture del Buffon (che è poi un poeta, anche lui, della storia naturale); ma sono appunto un'immagine, simbolo di quella vita piena
d'impressioni, che non conosce tedio, anzi è tutta una gioia. La cui
espansione e penetrazione nel cuore del poeta si vede bene dove a
questo si sveglia nell'animo un senso di gratitudine verso quella
Provvidenza, che volle il dolce canto degli uccelli a conforto degli
uomini e d'ogni altro vivente. «Certo fu notabile provvedimento
della natura l'assegnare a un medesimo genere di animali il canto e il
volo; in guisa che quelli che avevano a ricreare gli altri viventi colla
voce, fossero per l'ordinario in luogo alto, donde ella si spandesse
all'intorno per maggiore spazio e pervenisse a maggior numero di
uditori. E in guisa che l'aria, la quale si è l'elemento destinato al
suono, fosse popolata di creature vocali e musiche. Veramente molto
conforto e diletto ci porge, e non meno, per mio parere, agli altri animali che agli uomini, l'udire il canto degli uccelli».

La prosa tranquilla e contenuta vuol essere nella sua forma esteriore l'eloquio didascalico di un filosofo, ma tanto più perciò essa fa sentire la dolcezza gioiosa che vi si agita dentro, con quella stessa mobilità irrequieta, che fa dal poeta contrapporre all'ozio pigro e sonno-
lento degli uomini la vispezza dei volatili. «Gli uccelli per lo contrario, pochissimo soprastanno in un medesimo luogo; vanno e vengono di continuo senza necessità veruna; usano il volare per sollazzo;
e talvolta, andati a diporto più centinaia di miglia dal paese dove
sogliono praticare, il dì medesimo in sul vespro vi si riducono. Anche
nel piccolo tempo che soprasseggono in un luogo, tu non li vedi stare
mai fermi della persona; sempre si volgono qua e là, sempre si aggirano, si piegano, si protendono, si crollano, si dimenano; con quella
vispezza, quell'agilità, quella prestezza di moti indicibile».

E con la stessa intenzione del contrasto tra l'esposizione solenne e dotta del filosofo e il sentimento che vi deve vibrare dentro, si spiegano i ricordi anacreontei che il Faggi dice eruditi e freddi, e che tali vogliono essere infatti, nella conclusione dell'*Elogio*, nel desiderio finale di Amelio: «...Similmente io vorrei, per un poco di tempo, essere convertito in uccello, per provare quella contentezza e letizia della loro vita». Ultime parole dell'Elogio, che ne sono quasi la chiave, e che reca meraviglia non vedere intese esattamente neppur dal Faggi. Già il Della Giovanna, che, mi rincresce dirlo, troppo pedanteggiò irriverentemente nel suo commento erudito ma offuscatore assai più spesso che rischiaratore del nitido pensiero leopardiano, postillò: *«Per un poco di tempo*. Meno male! che dopo la vantata perfezione degli uccelli, c'era da aspettarsi una conclusione meno restrittiva». E il Faggi rincara: «Fa quasi sospettare che Amelio non sia riuscito a convincere pienamente se stesso, o il suo entusiasmo non sia stato davvero troppo profondo». Come se si trattasse di convincere!

A me pare ci sia un modo più ragionevole d'intendere quell'inciso; ed è quello che verrà subito in mente ad ognuno, che rifletta che se il filosofo avesse espresso il desiderio d'essere convertito per sempre in uccello, avrebbe fatto ridere. Che diamine, il poeta invidia degli uccelli la contentezza, la letizia; e ora essi non sono altro per lui; ma né anche la contentezza e la letizia per lui sono tutto, ed egli ama troppo la propria umanità per essere disposto a barattarla con esse per sempre. Anche la morte potrebbe essere per lui, come per Porfirio, la soluzione del problema dell'esistenza. Ma il «senso dell'animo» lo ammonisce colle parole di Plotino: «In vero, colui che si uccide da se stesso non ha cura né pensiero alcuno degli altri; non cerca se non la utilità propria; si gitta, per così dire, dietro alle spalle i suoi prossimi, e tutto il genere umano; tanto che in questa azione del privarsi di vita, apparisce il più schietto, il più sordido, o certo il men bello e men liberale amore di se medesimo che si trovi al mondo».

# V

## LA POESIA DEL LEOPARDI

Commemorazione tenuta il 29 giugno 1927 nell'Aula Magna del Palazzo Comunale di Recanati; e pubblicata nel fascicolo giugno-luglio dello stesso anno del periodico *Educazione fascista*.

# I.

Il modo più degno di commemorare un poeta è quello di entrare nella sua poesia, cioè nel suo animo, nel mondo dei suoi fantasmi, come egli li vide e li sentì. Gli elementi della sua biografia, tutti, dalla data di nascita a quella di morte, i casi della sua vita, le persone e le cose in mezzo alle quali questa vita si svolse, le idee stesse che egli accolse e che professò, le correnti spirituali antecedenti o contemporanee di cui partecipò, sono semplici generalità, paragonabili alle note d'un passaporto; le quali, ove non si accompagnino e precisino con una fotografia, rimangono appunto generalità, riferibili a migliaia di persone.

Ogni uomo è una determinata personalità in quanto è un'anima. La quale, quando si conosca da vicino e cioè per davvero, è singolare e inconfondibile: unica. E la sua singolarità in fondo consiste non nella periferia del mondo di cui l'uomo fu centro, ma in quello piuttosto che egli fu, al centro di questo mondo, col suo modo di reagire a questo mondo che era il suo, raccolto nel suo pensiero e nel suo sentimento. Due possono nascere nello stesso anno e nello stesso giorno, vivere nello stesso luogo e quasi cogli stessi spettacoli dinanzi agli occhi, tra gli stessi uomini e quasi con le stesse voci negli orecchi; e ricevere la stessa educazione, incorrere magari nelle stesse malattie, e insomma vivere tutta materialmente la stessa vita e concorrere perfino nelle stesse idee, ed essere come due anime gemelle. Eppure ciascuna di queste anime, se vi provate ad entrare nel suo interno, è se stessa, diversa, assolutamente diversa dall'altra, per quel certo suo dèmone ascoso, che tratto tratto si sente nel timbro della voce o lampeggia nelle pupille, svelando subitamente l'essere dell'individuo: quell'essere che ognuno di noi, nella vita, spia e riesce a scoprire negli atti e nelle parole delle persone che frequenta. Questo dèmone interno, sorgente segreta da cui scaturisce in verità tutta la vita effettiva dell'uomo non soltanto quale essa è, ma quale è sentita e perciò nel valore che ha, è quello che i filosofi dicono l'Io: il soggetto, che è la base d'ogni individualità umana. Qualcosa d'inafferrabile in se stesso, perché infatti non si manifesta se non in quanto si realizza nelle concrete determinazioni del carattere, nel complesso degli atti e delle parole, che formano la trama della vita dell'individuo. Il centro non è rappresentabile se non in rapporto alla sua circonferenza.

Ora questo dèmone segreto che si cela e si svela nella vita di ciascun uomo, è la fonte viva dell'ispirazione del poeta. Il quale non si distingue dagli altri uomini se non perché riesce a stampare una più profonda impronta di questa segreta potenza nelle espressioni del suo essere. E pare che per lui innanzi agli occhi meravigliati della moltitudine si levi e grandeggi in una solitudine infinita l'immagine di un'anima divina, creatrice, che di sé fa il suo universo; e quelli che per gli altri sono sogni e ombre, per la virtù sua onnipossente son corpi saldi, viventi e luminosi, e riempiono tutta la immensa scena del mondo che il poeta sostituisce a quello della comune esperienza. Nel poeta, in quanto tale, tutto ciò che egli vede e tutto ciò che può dirci è la sua anima, anzi questo dèmone che si cela nella sua anima.

Nel caso del Leopardi, quanto difficile cercarla e trovarla questa scaturigine della sua poesia: e quanto perciò s'è girato e si gira tuttavia intorno al segreto della sua grandezza! Questa poesia da un secolo e più conquide tutti i cuori, trova la via di tutte le anime, che spontaneamente si aprono alle soavi commozioni di essa. Ma studia-

ta lungamente, pertinacemente, ingegnosamente da mille ingegni,
alla luce di mille sistemi e sulla base di mille preconcetti, analizzata,
tormentata dalla pretensiosa volontà indagatrice della critica, impe-
gnata per lo più nella superba impresa di ricostruire l'arte dagli sparsi frammenti esanimi ottenuti attraverso una fredda operazione ana-
tomica, essa si è sottratta e sfugge ancora alla intelligenza riflessa, che
si sforza di coglierne l'essenza e chiuderla in una definizione.

Negli ultimi tempi vi si son provati critici di grande levatura e dottrina; e si sono avuti saggi, di cui non disconoscerò io il merito insi-
gne. Questi scritti giovano indubbiamente alla comprensione della
poesia leopardiana; ma solo in quanto ne scoprono alcuni aspetti. Il
loro comune difetto è quello di trascurare la verità, che io ritengo evidente e indiscutibile, dalla quale ho creduto opportuno prender le
mosse. Trascuranza il cui effetto è questo: che il critico non sente la
necessità di risalire sino alla sorgente da cui la poesia leopardiana
sgorga, e in cui soltanto è possibile scorgere l'unità della sua ispirazione e rendersi conto della varietà dei motivi in essa dominanti. Così
accade che si aprano i canti e le prose del Leopardi, e si dica: — Nelle
prose, manco a dirlo, non c'è poesia. C'è una pretesa filosofia, che è
una filosofia per modo di dire. Lambiccatura di cervello che si sforza
di dimostrare sistematicamente uno stato d'animo personale; e perciò
si mette fuori di questo stato d'animo; e quindi riesce amaro, falso,
estraneo al vero e profondo sentire dello stesso scrittore, e perciò freddo, sofistico. Né filosofia, né poesia. Nei canti, bisogna distinguere:
c'è poesia e non poesia. Vi sono strofe o versi in cui il poeta trova se
stesso e parla serio e commosso; e lì è il poeta; il poeta le cui parole
non si dimenticano, e tornano da sé a risuonare nell'animo, a com-
muoverci col calore e la passione della vita che ogni uomo vive e
sente. Ma ci sono negli stessi canti poesie giovanili rettoricamente
patriottiche; ci sono poesie filosofiche non meno fredde e artifiziate
delle prose: ci sono pezzi oratorii, in cui il poeta cerca l'effetto e pensa

al lettore e non si dimentica nello schietto moto della sua anima. Manca qua e là negli stessi canti più felici il caldo di quell'ispirazione, che s'apprende immediatamente all'animo di ogni uomo. Risorge il ragionatore a freddo, che vede il mondo dall'angustissimo foro che le sciagure fisiche e le tristi condizioni personali gli han lasciato aperto sulla grande scena della vita, e vien meno il poeta che accoglie beato nel suo petto la voce naturale del mondo e il vasto respiro delle cose. — È fortuna se alla prova di questa critica si salva qualche frammento della poesia del Leopardi.

Ma si salva davvero? Io vorrei invitare questi critici a ristampare Leopardi purgandolo da tutte le scorie della sua poesia, per darcene il fiore, un'antologia; contenente i soli pezzi veramente poetici a cui si fa grazia. Temo che al fatto questa antologia riescirebbe estremamente difficile, se non impossibile: poiché non solo il significato di ciascun verso risulta dal contesto a cui appartiene, e ogni strofa ha il suo valore nel complesso del componimento; ma, si sa, ogni parola ha sempre un accento, in cui è la sua anima e individualità; e quell'accento non si può sentire se non nel ritmo dell'insieme. Isolare una parola è impresa vana ed assurda. E se si crede il contrario, ciò accade perché in realtà quella parola che ci pare di isolare, noi la facciamo nostra e la fondiamo in un nuovo nesso, in un ritmo da noi creato, in cui non è più la parola di quel poeta, ma l'espressione del nostro animo.

## II.

Il Leopardi non è soltanto il poeta degl'idillii, dove il suo petto si allarga e s'inebria del profumo della natura, e il suo cuore batte all'unisono col grande cuore del mondo, commosso dal senso della vita che ride a primavera nei campi, brilla a notte nel mite chiarore della luna, imporpora il viso alle fanciulle innamorate, tuona tra le nubi nell'infuriar della tempesta, e ridesta ad ora ad ora negli animi stanchi e delusi la speranza e la dolcezza dell'amore. Il Leopardi è anche Tristano ed Eleandro; ed è Copernico e Filippo Ottonieri; ed è Colombo e il Tasso visitato nel mesto carcere dal suo Genio familiare; ed è Stratone e Plotino; ed è l'Islandese al cospetto della Natura dal volto «mezzo tra bello e terribile»; ed è il gallo silvestre che sta in sulla terra coi piedi, e tocca colla cresta e col becco il cielo, e riempie del suo canto l'universo e dice di questo «arcano mirabile e spaventoso dell'esistenza universale» che, «innanzi di essere dichiarato né inteso, si dileguerà e perderassi». E insomma il Leopardi pacato e placato nel sentimento solenne e religioso del dolore e del mistero e della vanità dell'opera umana, e pur raccolto nell'intima soavità dell'amore, onde gli uomini vincono ogni travaglio e gustano una beatitudine divina, ancorché confusa a certo mistico senso del proprio dissolvimento nella vita universale. Ed è anche il poeta che come italiano vede le colonne e i simulacri e le ruine della grandezza antica, ma non vede più la gloria e le armi dei padri; e non sa rivolgersi indietro a quella schiera infinita d'immortali, che onorarono già la nostra terra, senza pianto e disdegno per la presente viltà; e sente in cuore la disperazione di Bruto per l'impotenza della virtù sconfitta dalla perversa fortuna e lo strazio della misera Saffo, spregiata amante, vile e grave ospite nei superbi regni della natura bellissima. Ma non sì che l'animo non gli si esalti nell'idea della guerra mortale che il prode, di cedere inesperto, guerreggerà sempre contro l'indegno fato, e in cui anche il virile animo di Saffo si sentirà, sparso a terra il velo indegno, di emendare il crudo fallo del cieco dispensator dei casi. È anche l'uomo che si leva col pensiero al di sopra della ferrea vita e sentendo che *conosciuto, ancor che tristo, ha suoi diletti il vero,* si compiace d'investigar l'*acerbo vero* e i *ciechi destini delle mortali e delle eterne cose;* e trae gli ozi in questo speculare. È in fine l'uomo che si rifugia con questo altissimo sentimento della invitta potenza del pensiero umano nella rocca inespugnabile della noia: di questo che egli dice «in qualche modo il più sublime dei sentimenti umani», poiché «il non poter essere soddisfatto da alcuna cosa terrena, né, per dir così, dalla terra intera; considerare l'ampiezza inestimabile dello spazio, il numero e la mole maravigliosa dei mondi, e trovare che tutto è poco e piccino alla capacità dell'animo proprio; immaginarsi il numero dei mondi infinito, e l'universo infinito, e sentire che l'animo e il desiderio nostro sarebbe ancora più grande che sì fatto universo; e sempre accusare le cose d'insufficienza e di nullità, e patire mancamento e vóto, e però noia, pare a me il maggior segno di grandezza e di nobiltà, che si vegga della natura umana».[1] E perciò anche il Leopardi, nel colmo della sua delusione, può giungere a fermare in se stesso ogni desiderio e ogni moto, a disprezzare perfino se stesso, come *la natura, il brutto Poter che, ascoso, a coniun danno impera, E l'infinita vanità del tutto*: e, pur caduto l'incanto che gli fece vedere e amare in una donna mortale la Dea della sua mente, pur vedendo ormai nella propria vita una *notte senza stelle a mezzo il verno*, può trovare al suo fato mortale bastante conforto e vendetta nella coscienza di se medesimo:

> su l'erba
> Qui neghittoso immobile giacendo,
> Il mar, la terra e il ciel miro, e sorrido.

Se noi rinunciamo a questi ed altrettali motivi della poesia leopardiana, per restringerci al dolce gusto di quell'idillico che è la prima e immediata forma di questa poesia, noi avremo sì elementi di una

---

[1] *Pensieri*, n. 68.

poesia squisita, ma perderemo la poesia propria del Leopardi. Nella quale quella prima forma è solo uno degli elementi del dramma e del fiero contrasto, nella cui superiore soluzione la poesia leopardiana per l'appunto consiste.

## III.

L'idillio è certo alla base del Leopardi poeta. Ne risuona il motivo di continuo nell'*Epistolario*, nello *Zibaldone*, nei *Canti*, nelle *Operette morali*. Se volete rendervi conto della natura dell'idillio, come il Leopardi l'intese e lo sentì, rileggete l'*Infinito*, quei quindici versi che gittano la fantasia del Poeta al di là della siepe in spazi interminati, sovrumani silenzi e profondissima quiete: dove l'infinito silenzio e l'eterno assorbono in sé e annichilano la voce del vento che stormisce tra le piante e il suono delle lotte e delle fatiche umane:

> Così tra questa
> Immensità s'annega il pensier mio
> E il naufragar m'è dolce in questo mare.

L'uomo scioglie il suo pensiero, ond'egli riflettendo si distingue e si oppone alla natura, e si confonde con essa. Ricordate il *Canto notturno di un pastore errante dell'Asia*, che dice alla sua greggia:

> Quando tu siedi all'ombra, sovra l'erbe,
> Tu se' quieta e contenta;
> E gran parte dell'anno
> Senza noia consumi in quello stato.

Ed io pur seggo sovra l'erbe, all'ombra,
E un fastidio m'ingombra
La mente, ed uno spron quasi mi punge
Sì che, sedendo, più che mai son lunge
Da trovar pace o loco.

Nell'*Inno ai Patriarchi* il Poeta rammenta l'antico mito della colpa che sottopose l'*uman seme alla tiranna Possa de' morbi e di sciagura*; e attribuisce all'*irrequieto ingegno* dell'uomo la prima origine dei suoi dolori. La noia, la sublime noia, è il privilegio del pensiero. Finché la riflessione non è sorta, e il pastore errante non è ancora in grado di domandare alla luna il fine di tanti moti, e che sia

Questo viver terreno,
Il patir nostro, il sospirar che sia;
Che sia questo morir, questo supremo
Scolorar del sembiante,
E perir dalla terra, e venir meno
Ad ogni usata, amante compagnia;

egli può esser queto e contento come la sua greggia. Pensare è distinguersi dalla vita, opporvisi, sentirsene fuori, cercare e non trovare, sentire la vanità di tutto: non aver più né contentezza né pace. Il Leopardi intanto sa bene che senza pensiero non c'è grandezza. Perciò in uno de' suoi dialoghi la Natura dice a un'Anima: «Va', figliuola mia prediletta, che tale sarai tenuta e chiamata per lungo ordine di secoli. Vivi, e sii grande e infelice». Perciò il Poeta dice ai «nuovi credenti» che non credono al dolore:

A voi non tocca
Dell'umana miseria alcuna parte,

Che misera non è la gente sciocca,...
Dico, ch'a noia in voi, ch'a doglia alcuna
Non è dagli astri alcun poter concesso.
Non al dolor, perché alla vostra cuna
Assiste, e poi sull'asinina stampa
Il pie' per ogni via pon la fortuna.
E se talor la vostra vita inciampa,
Come ad alcun di voi, d'ogni cordoglio
Il non sentire e il non saper vi scampa.
Noia non puote in voi, ch'a questo scoglio
Rompon l'alme ben nate...

Ma se il pensiero è la sorgente del dolore, bisogna pur distinguere tra pensiero e pensiero. E anche questo è avvertito dal Leopardi. C'è un pensiero che è la stessa natura dell'uomo: dell'uomo che sente e crede nell'amore e nella virtù; che sente e crede nella bellezza della natura e della vita; che spera e apre l'animo alla gioia delle illusioni, che tali si dimostreranno al cimento della esperienza, ma che la natura stessa risusciterà sempre dal fondo del cuore umano a rendere amabile o almen sopportabile la vita. Questo è pensiero. Ma c'è un altro pensiero, che si sovrappone a questo primo e lo critica e lo demolisce e lo irride, e, scoprendone tutte le debolezze e gli arbitrii, gitta lo sconforto nel cuore umano e lo inonda d'immedicabile amarezza. Non occorre pertanto che l'uomo si abbrutisca come il gregge per sottrarsi al dolore. Può essergli simile, e al pari di esso rimaner congiunto con la natura e godere del benefizio di essa, se si abbandona, per dir così, al pensiero naturale, e vede la vita con quegli occhi che la natura gli ha dati. Vive nel suo stesso pensiero la vita spontanea e istintiva che è propria di tutti gli esseri naturali, senza che questa natura sia sconvolta o turbata dal suo irrequieto ingegno. Così fa il fanciullo, così tutti gli spiriti semplici e sani. Questa è la giovinezza sempre rinascente del genere umano: dell'anima aperta alla speranza e fortificata dalla fede: dell'anima quale ogni uomo la ritrova in se stesso al mattino sul primo svegliarsi, all'inizio d'ogni suo giorno, come d'ogni nuovo periodo della sua vita. «Il primo tempo del giorno», canta anche il gallo silvestre, «suol essere ai viventi il più comportabile. Pochi in sullo svegliarsi ritrovano nella mente pensieri dilettosi o lieti; ma quasi tutti se ne producono e formano di presente: perocché gli animi in quell'ora, eziandio senza materia alcuna speciale e determinata, inclinano sopra tutto alla giocondità, o sono disposti più che negli altri tempi alla pazienza dei mali. Onde se alcuno, quando fu sopraggiunto dal sonno, trovavasi occupato dalla disperazione; destandosi, accetta novamente nell'animo la speranza, quantunque ella in niun modo se gli convenga. Molti infortuni e travagli propri, molte cause di timore o di affanno, paiono in quel tempo minori assai, che non parvero la sera innanzi. Spesso ancora, le angosce del dì passato sono volte in dispregio, e quasi per poco in riso, come effetto di errori e d'immaginazioni vane. La sera è comparabile alla vecchiaia; per lo contrario, il principio del mattino somiglia alla giovanezza».

Cresce l'esperienza della vita, sopraggiunge la riflessione, la speranza dilegua: sottentra il dolore e la noia: tanto più acuto quello, tanto più grave questa, quanto più viva fu la speranza e ardente la fede nella vita. Quindi la grande importanza del momento idillico, o giovanile, spontaneo, naturale in una poesia che, come quella del Leopardi, accentua poi il momento negativo del distacco e della opposizione, che è il momento del dolore. Questo dolore è materiato, si può dire, dalla stessa dolcezza dell'idillio. *Odi et amo.* La negazione non avrebbe mai il suo significato lirico se non corrispondesse a un'affermazione vigorosa e potente. Appunto perché la vita è così bella agli occhi del Poeta, ed egli ne sente sì forte il fascino nel fondo del suo cuore, egli si duole tanto di non possederla. Al disperato affetto di Saffo non

arride spettacol molle: ma questo spettacolo pur le è fitto negli occhi
e nel petto:

> Placida notte, e verecondo raggio
> Della cadente luna; e tu che spunti
> Fra la tacita selva in su la rupe,
> Nunzio del giorno; oh dilettose e care
> Mentre ignote mi fur l'erinni e il fato,
> Sembianze agli occhi miei...

Del resto questo molle spettacolo non fugge da' suoi occhi senza
che questi si volgano desiosi ad altri spettacoli di natura, meglio
rispondenti al suo stato d'animo:

> Noi l'insueto allor gaudio ravviva
> Quando per l'etra liquido si volve
> E per li campi trepidanti il flutto
> Polveroso de' Noti, e quando il carro.
> Grave carro di Giove a noi sul capo,
> Tonando, il tenebroso aere divide.
> Noi per le balze e le profonde valli
> Natar giova tra' nembi, e noi la vasta
> Fuga de' greggi sbigottiti, o d'alto
> Fiume alla dubbia sponda
> Il suono e la vittrice ira dell'onda.

Saffo ha l'animo popolato di ridenti immagini di questa natura di
cui ella si vede prole negletta:

> Bello il tuo manto, o divo cielo, e bella
> Sei tu, rorida terra....

A me non ride
L'aprico margo, e dall'eterea porta
Il mattutino albor; me non il canto
De' colorati augelli, e non de' faggi
Il murmure saluta: e dove all'ombra
Degl'inchinati salici dispiega
Candido rivo il puro seno, al mio
Lubrico pie' le flessuose linfe
Disdegnando sottragge,
E preme in fuga l'odorate spiagge.

Bruto minore, fermo già di morire, percote l'aura sonnolenta di *feroci note*. Ma tra queste note, se ne odono di soavi, affettuose, per quanto solenni, come queste:

E tu dal mar cui nostro sangue irriga,
Candida luna, sorgi,
E l'inquieta notte e la funesta
All'ausonio valor campagna esplori.
Cognati petti il vincitor calpesta,
Fremono i poggi, dalle somme vette
Roma antica ruina;
Tu sì placida sei? Tu la nascente
Lavinia prole, e gli anni
Lieti vedesti, e i memorandi allori;
E tu su l'alpe l'immutato raggio
Tacita verserai quando ne' danni
Del servo italo nome,
Sotto barbaro piede
Rintronerà quella solinga sede.
Ecco tra nudi sassi o in verde ramo

> E la fera e l'augello,
> Del consueto obblio gravido il petto,
> L'alta ruina ignora e le mutate
> Sorti del mondo: e come prima il tetto
> Rosseggerà del villanello industre,
> Al mattutino canto
> Quel desterà le valli, e per le balze
> Quella l'inferma plebe
> Agiterà delle minori belve.

D'altra parte, fin da quando, tra il 1819 e il '21, il Poeta ascolta nel suo profondo questa voce antica ed eternamente giovanile della santa natura e del mondo, contro cui si volgerà sempre più risentito e dolorante, egli sente nel petto

> Nell'imo petto, grave, salda, immota
> Come colonna adamantina,

quella *noia immortale*, di cui parlerà nell'epistola *Al Conte Carlo Pepoli*. E nello stesso *Infinito*, nella *Sera del dì di festa* e negli altri piccoli e grandi idilli che altro, infine, si canta se non il dolore?

> Dolce e chiara è la notte e senza vento,
> E queta sovra i tetti e in mezzo agli orti
> Posa la luna, e di lontan rivela
> Serena ogni montagna. O donna mia,
> Già tace ogni sentiero, e pei balconi
> Rara traluce la notturna lampa:
> Tu dormi, che t'accolse agevol sonno
> Nelle tue chete stanze; e non ti morde
> Cura nessuna; e già non sai né pensi

Quanta piaga m'apristi in mezzo al petto.
Tu dormi: io questo ciel, che sì benigno
Appare in vista, a salutar m'affaccio,
E l'antica natura onnipossente,
Che mi fece all'affanno. A te la speme
Nego, mi disse, anche la speme; e d'altro
Non brillin gli occhi tuoi se non di pianto.

La serenità, il dolce chiarore lunare dei primi versi e lo stesso sonno tranquillo e scevro d'affanni della donna formano lo sfondo del quadro, in cui risalta la personalità di quest'uomo, a cui la speranza è negata e i cui occhi non brilleranno mai se non di lagrime. L'amarezza di questa anima desolata nasce dal contrasto. La donna sogna forse a quanti oggi piacque e quanti piacquero a lei. Fantasmi e sentimenti pieni di dolcezza: ma sorgono alla mente del Poeta soltanto per fargli sentire che egli ne è escluso:

...non io, non già ch'io speri,
Al pensier ti ricorro.

Egli non dorme, non posa, non sogna. Si getta per terra, grida, freme. E il suo pensiero si insinua nella gioia altrui e vi soffia dentro il vento della riflessione che l'inaridisce:

Ahi, per la via
Odo non lunge il solitario canto
Dell'artigian, che riede a tarda notte,
Dopo i sollazzi, al suo povero ostello;
E neramente mi si stringe il core,
A pensar come tutto al mondo passa,
E quasi orma non lascia.

L'artigiano probabilmente non fa questa malinconica riflessione. Probabilmente egli, come la donna, rimembra i sollazzi del giorno, la cui memoria non è spenta e basta tuttavia a riempirgli e consolargli l'animo. Ma su quel mondo festivo e gorgogliante ancora di sensazioni dilettose il Poeta riversa l'angoscia fredda del suo cuore desolato. E altrettanto si può osservare di tutte queste sue poesie, che il Leopardi stesso definì *idillii*, e in cui più forte risuona la corda dell'animo commosso e vibrante della stessa vita del mondo.

Citerò ancora il primo periodo della *Vita solitaria* che comincia:

> La mattutina pioggia, allor che l'ale
> Battendo esulta nella chiusa stanza
> La gallinella, ed al balcon s'affaccia
> L'abitator de' campi, e il Sol che nasce
> I suoi tremuli rai fra le cadenti
> Stille saetta, alla capanna mia
> Dolcemente picchiando, mi risveglia;
> E sorgo, e i lievi nugoletti, e il primo
> Degli augelli susurro, e l'aura fresca,
> E le ridenti piagge benedico:

per rivolgersi subito contro le *cittadine infauste mura*, e per concludere:

> In cielo,
> In terra amico agli infelici alcuno
> E rifugio non resta altro che il ferro.

Principio idillico, conclusione tragica. Tragica quanto è idillico il principio. I due termini si corrispondono e si congiungono insieme in un nesso inscindibile. Togliete al Leopardi la commozione e l'amo-

re per la natura, per la vita, per la donna, per la bellezza, per la forza
magnanima, per l'ardimento generoso, per la virtù, per la patria, per
i parenti, per gli amici, per tutto ciò che rende amabile e santa la vita,
e non intenderete più lo strazio delle sue delusioni. Prescindete dal
fermo convincimento, che la sua filosofia gli ha piantato nel petto,
della arbitraria soggettività degli ideali in cui l'uomo, non ancora
caduto in preda al pensiero, crede provvidenzialmente; chiudete gli
occhi sull'amarissimo gusto con cui egli, tornando sempre ad esami-
nare i suoi pensieri e la vita e il proprio essere e il fato universale degli
uomini, ribadisce sempre quel suo convincimento; e non potrete più
sentire il tumulto con cui il suo cuore s'attacca a questa vita fallace e
il tremito giovanile e sto per dire virgineo con cui tutto il suo essere
si stringe al mondo, che non può, malgrado tutto, non amare.
Leggete *Il pensiero dominante* e l'*Aspasia*, dove culmina l'arte del
Poeta. Quel pensiero, *cagion diletta d'infiniti affanni*, è gioia ed è
dolore. Quella donna, per cui egli ha vaneggiato, ma il cui incanto è
caduto, risorge nella sua memoria e nel suo cuore *superba visione, sua
delizia ed erinni*: e l'angelica sua forma, sempre viva e presente, torna
sempre a imprimergli a forza nel fianco lo strale, che già lo fece per
tanto tempo ululare.

L'atteggiamento negativo ed ostile, quando non si scompagni dal
suo contrario, che gli dà vigore e significato, si può intendere e s'intende anche in quelle forme di fredda ironia e di affettata irrisione,
che assume in qualche raro tratto dei *Canti* e in parecchie delle *Operette morali*. Di cui si è potuto parlar con sì distratta intelligenza da
vedervi lampeggiare non so che sorriso cattivo e sinistro; mentre chi
legge ed ama Leopardi, sa che nulla è più alieno dal suo spirito. Ma
questi critici sono i critici del frammento. Si fermano a una pagina
delle *Operette* leopardiane, e non curano di guardarne l'insieme; e così
si lasciano sfuggire quella vivente unità organica, da cui esse nacquero tutte ad una ad una, sotto la stessa ispirazione, nel pensiero e nel

sentimento dell'autore. Così vedono Momo, i sillografi, Stratone; ma non vedono il principio e la fine del libro. E si lasciano sfuggire il significato e l'accento del mito iniziale, la *Storia del genere umano*, vaga immaginazione tutta pervasa di una commozione contenuta e pudica di un amore gentilissimo; come si lasciano sfuggire le meditazioni finali di Eleandro e di Plotino, tutte umanità ed affetto. Non vedono perciò lo spirito complessivo e centrale e quell'onda viva di universale e irresistibile simpatia, che abbraccia uomini e cose, e in sé scioglie i sentimenti più duri, più pungenti, più amari, onde l'animo del Poeta è colpito allo spettacolo del *freddo vero*.

L'incanto della poesia è qui, in questa unità dei due opposti motivi, che si fondono insieme e infondono nello spirito del Leopardi l'impeto della sua lirica sublime. La quale nel momento stesso che pare prostri gli animi nel più disperato dolore, li solleva, conforta ed esalta, aspergendoli di non so che affettuosa soavità. Idillio e dolore. L'uomo che vive lietamente e serenamente la vita; e l'uomo che diffida di essa, e se ne apparta ed estrania; e fattosene spettatore deluso e sconsolato, sente dentro di sé un vuoto infinito. Due cuori diversi, ma non posti l'uno accanto all'altro, bensì unificati in un cuore solo. Questa tragedia, che non è ottimismo, né pessimismo, ma il commosso e serio concetto della nobiltà, del valore e della superiore letizia della vita, tremenda insieme e adorabile, angosciosa e felice: questa è l'essenza della poesia leopardiana.

IV.

In verità, l'origine del dolore è nel pensiero. Ma il Poeta sa, e soprattutto sperimenta in se stesso, che quel pensiero che ferisce, sana esso stesso le sue ferite. Il pensiero che sfronda l'albero della vita di tutte le sue illusioni, e specula e scopre l'infinita vanità di tutto, è lo stesso pensiero dentro di cui quell'albero ad ora ad ora rinverdisce di nuove fronde. Non si può negare che esso faccia guerra continua alla nativa confidenza dell'uomo nella natura; ed esso certamente spegne nei cuori la fede e la speranza. Ecco, da una parte, Saffo supplichevole; e dall'altra, il ruscello che al piede della misera donna, la quale tenta d'immergervisi e sentirne il refrigerio, sottrae disdegnoso le flessuose acque, e fugge e s'affretta per le piagge odorate.

Se non che questo pensiero devastatore e distruttore della originaria unità dell'uomo con la natura, è esso stesso una nuova natura: è la natura di quell'anima grande perché infelice, e infelice perché grande, onde il Poeta insuperbisce sopra la turba degli sciocchi. E in verità sempre che il pensiero non si guardi dal di fuori, ma si pensi, si attui, si viva, esso non è più nulla di estraneo alla vita, ma è la vita stessa. E in esso, ancorché rivolto ed affisso alle idee più dolorose e più aride, rifluisce l'onda della vita e si risveglia il palpito della gioia. Allora, ecco, il Leopardi acquista coscienza della felicità superiore in cui si purifica e rinvigorisce il suo spirito attraverso al pensiero e al canto: poiché (come egli dice) «niuna cosa maggiormente dimostra la grandezza e la potenza dell'umano intelletto, ossia l'altezza e nobiltà dell'uomo, che il poter l'uomo conoscere e interamente comprendere e fortemente sentire la sua piccolezza».[2] Allora egli sente che lo stesso infinito, in cui gli è dolce naufragare, è contenuto nel suo pensiero, che lo abbraccia spaziando più oltre. Allora egli, piccolo ed esile fiore sull'arida schiena del Vesuvio sterminatore, s'inebria del profumo della sua poesia, che consola il deserto. Allora egli ritrova in sé, nel genio che nessuna forza maligna gli può strappare, nel dèmone

---

[2] *Pens. di varia filos.*, V, 223. Vedi sopra pp. 132, 148-49.

divino e onnipotente che fa insieme la sua infelicità e la sua grandezza, la gioia e il fervore della vera vita; in cui, a dispetto dei ragionamenti, risorgono le speranze e si riaccende l'amore con cui gli
uomini, malgrado tutte le delusioni, si riattaccano alla vita e han la
forza di vivere e di morire. A Porfirio che a conclusione d'un rigoro-
so ragionamento si vuol togliere la vita, Plotino ammonisce che «non
dee piacer più, né vuolsi elegger piuttosto di essere secondo ragione
un mostro, che secondo natura uomo».[3] Mostro chi *non cerca se non
la utilità propria*, e si gitta, per così dire, *dietro alle spalle i suoi prossimi, e tutto il genere umano*. Uomo chi l'amore di se medesimo pospo-
ne all'amore degli altri. Ma questa natura, che ci fa uomini, è proprio
contraria alla ragione che ci farebbe mostri? O non ci sono, per dir
così, due ragioni: una, inferiore, che ci trarrebbe al suicidio attraverso il *più sordido* amore di noi medesimi, e una superiore, che ci libera dal giogo di questo amore, e ci fa amare la vita e gli uomini che ci
amano? Si chiami ragione o poesia, certo questa non è la natura primitiva e inconsapevole, ma l'umanità che soffre ed ama e canta.

Quale in notte solinga
Sovra campagne inargentate ed acque,
Là 've zefiro aleggia,
E mille vaghi aspetti
E ingannevoli obbietti
Fingon l'ombre lontane
Infra l'onde tranquille
E rami e siepi e collinette e ville;
Giunta al confin del cielo,
Dietro Apennino od Alpe, o del Tirreno

---

[3] *Operette*, p. 310.

Nell'infinito seno
Scende la luna; e si scolora il mondo;
Spariscon l'ombre, ed una
Oscurità la valle e il monte imbruna;
Orba la notte resta,
E cantando, con mesta melodia,
L'estremo albor della fuggente luce,
Che dianzi gli fu duce,
Saluta il carrettier dalla sua via;
Tal si dilegua, e tale
Lascia l'età mortale
La giovinezza.

La luna è tramontata, e il carrettiere canta. La giovinezza si dilegua; ma l'uomo resta, e intona il suo canto. In questo canto, nella sua mesta melodia, è il più alto segno dello spirito del Poeta. Qui la sua poesia.

# VI

## NEL CENTENARIO DELLA MORTE DEL LEOPARDI

Commemorazione centenaria letta alla R. Accademia Nazionale dei Lincei nella seduta reale del 6 giugno 1937; e pubblicata, oltre che negli *Atti* dell'Accademia, nella *Nuova Antologia* del 1° luglio dello stesso anno.

Ripubblicata in *Poesia e filosofia di Giacomo Leopardi* (Firenze, Sansoni, 1939).

Tra pochi giorni sarà un secolo dalla morte di Giacomo Leopardi. Secolo, segnatamente per l'Italia, pieno di grandi eventi: storia mossa e agitata da fedi e interessi in massima parte estranei all'animo del Leopardi, anzi osteggiati e a volte irrisi da lui. Altra filosofia, altro uomo. E gli effetti sono stati così cospicui, così importanti, anche secondo il modo di vedere del Leopardi, da riuscire un'aperta condanna delle sue convinzioni e de' suoi giudizi storici. Secolo, si può dire, antileopardiano, culminante in questa Italia, potente, imperiale, creazione audace della stessa Italia che alla fantasia giovanile del Leopardi apparve *inerme,* anzi *di catene carche ambe le braccia,* seduta in terra, *negletta e sconsolata,* la faccia nascosta tra le ginocchia, piangente.

Eppure lungo questo secolo la fama del Leopardi è venuta crescendo; s'è dilatata nel mondo, ma in Italia ha messo radici sempre più profonde nei cuori. L'intelligenza della sua poesia, della sua anima ha acquistato d'anno in anno, e quasi giorno per giorno, di penetrazione, di comprensione e di intima simpatia a mano a mano che gl'Italiani da prima si svegliavano e in una coscienza più seria e positiva della vita e de' propri doveri e delle proprie forze risorgevano a dignità civile e politica. Scendevano quindi in campo contro gli oppressori e li affrontavano nei congressi, e accordavano rivoluzione e forze conservatrici dimostrando maturità di accorgimento e di patriottismo da meravigliare l'Europa; e tra audacie e negoziati facevano dell'Italia archeologica, letteraria ed artistica una nazione viva, operante e presente nella storia dell'Europa e del mondo. Intanto sentivano il bisogno di farsi un nuovo pensiero, una nuova scienza, una nuova cultura, adeguata all'altezza dell'assunto politico; e creavano un esercito nazionale; e sviluppavano, in una più attiva collaborazione alla vita economica internazionale, le loro industrie e i loro traffici; e creavano le scuole, organizzando tutto un sistema nuovo di pubblica istruzione e portando via via la luce nelle menti delle plebi abbandonate da secoli all'ignoranza e alla superstizione; e negli esperimenti di un sistema politico aperto alle lotte e alle competizioni di tutte le energie individuali si venivano educando al senso e alla tecnica dello Stato; e infine, in una riscossa della coscienza nazionale che si era venuta formando negli animi più giovanili in un fermento nuovo d'idee religiose sociali e filosofiche, si trovavano pronti alla più grande guerra della storia; combattevano con grande onore, e contribuivano più d'ogni altra nazione alleata alla vittoria finale. E dopo questa prova stupenda dell'antico valore, arditamente si accingevano con una profonda rivoluzione politica e sociale a fare una nuova Italia e una nuova Roma. Quanto cammino! E quanta vita in quella *moribonda Italia*, di cui parlava Leopardi nel 1818!

Eppure, dicevo, il miracoloso progresso di questi cento anni, lungi dall'allontanare l'Italia dal Leopardi, l'ha portata sempre più vicino a lui, a misurare la sua grandezza. La bibliografia leopardiana è una delle più ricche tra quante se ne siano formate intorno ai maggiori poeti e pensatori italiani, da gareggiare con la dantesca. Segno visibile del vasto interesse che ha suscitato e suscita la personalità del Leopardi con i suoi scritti e con i casi della sua vita. Selva foltissima, di grandi alberi che soprastano con le loro alte cime al vento, da De Sanctis a Carducci e a Pascoli, per non citare viventi, e di fitta boscaglia pullulante per tutto, ai piedi dei grossi tronchi. Intorno al

Leopardi non pure letterati, desiderosi di esattamente conoscere tutti i particolari della biografia e dello svolgimento graduale del genio, e di risolvere tutti i problemi che lo studio di tal materia fa nascere; ma filosofi e storici della filosofia, poiché il Leopardi ebbe il gusto degli alti concetti speculativi, e nel suo stesso vocabolario riecheggiano detti e pensieri di dottrine celebri a cui egli, a suo modo, aderì; e insieme scienziati (antropologi e fisiologi) entrati a un tratto in sospetto che certi limiti nell'orizzonte spirituale del Poeta derivino da non so qual limite somatico; sospetto nascente da improvvisate teorie e appoggiato a improvvisate osservazioni di fatto; ma fecondo tuttavia di costruzioni e interpretazioni, se oggi cadute di moda, utili tuttavia a chi voglia farsi un pieno concetto del lavoro compiuto in questo secolo intorno al Leopardi. Fortunatamente, peraltro, se ci sono state deviazioni ed eresie critiche e storture di metodi materialistici suggeriti da pigrizia intellettuale di letterati ottusi, o da presunzione pseudo-scientifica di cervelli rozzi e ignari dei rudimenti di qualsiasi serio concetto intorno ai valori dello spirito, ci sono stati pur saggi di quella critica magistrale che attraverso le forme storiche e letterarie e i conseguenti atteggiamenti della espressione artistica sa scoprire il principio profondo dell'ispirazione, che è l'anima del poeta e l'essenza di quell'eterna poesia che lo fa immortale. Critica che in Italia, in questo secolo, da Leopardi a noi, ha avuto esempi da fare epoca, e che hanno infatti educato nell'universale la coscienza del solo metodo che ci sia per raggiungere il poeta là dove egli è poeta.

Così in questa selva della letteratura leopardiana noi non abbiamo smarrito il Poeta. Anzi, a capo di questo secolo antileopardiano si può dire che egli sia stato prima scoperto, e poi veduto più e più giganteggiare come uno dei più grandi spiriti della storia del mondo, e come il creatore della più intensa poesia che si sia prodotta mai in Italia. Fu scoperto quando un nostro grande critico, che lo aveva conosciuto di persona, gentile e mansueto come era, e molto ne aveva studiato ed amato gli scritti, e acutamente investigato lo spirito che ci vive dentro, non poteva paragonarlo allo Schopenhauer senza sentire la infinita differenza tra il pessimismo amaro del filosofo tedesco e il pessimismo *sui generis* del poeta italiano. «Leopardi», diceva, «produce l'effetto contrario a quello che si propone. Non crede al progresso, e te lo fa desiderare; non crede alla libertà, e te la fa amare. Chiama illusioni l'amore, la gloria, la virtù, e te ne accende in petto un desiderio inesausto. E non puoi lasciarlo, che non ti senta migliore; e non puoi accostartigli, che non cerchi innanzi di raccoglierti e purificarti, perché non abbi ad arrossire al suo cospetto. È scettico, e ti fa credente; e mentre non crede possibile un avvenire men tristo per la patria comune, ti desta in seno un vivo amore per quella e t'infiamma a nobili fatti. Ha così basso concetto dell'umanità, e la sua anima alta, gentile e pura l'onora e la nobilita. E se il destino gli avesse prolungata la vita infino al Quarantotto, senti che te l'avresti trovato accanto, confortatore e combattitore».

Atteggiamento contradittorio? Lo aveva confessato il Leopardi medesimo, in quel libro in cui più freddamente si provò ad abbattere le umane illusioni, che agli occhi dell'uomo il quale si affidi allo istinto dell'anima senza indagare il mistero dell'universo, fanno la vita bella e degna di esser vissuta, ossia nelle *Operette morali*. Dove esce candidamente a dire «che non è fastidio della vita, non disperazione, non senso della nullità delle cose, della vanità delle cure, della solitudine dell'uomo; non odio del mondo e di se medesimo; che possa durare assai; benché queste disposizioni dell'animo siano ragionevolissime e le lor contrarie irragionevoli. Ma contuttociò, passato un poco di tempo, mutata leggermente la disposizione del corpo; a poco a poco, e spesse volte in un subito, per cagioni menomissime e appena possibili a notare; rifassi il gusto alla vita, nasce or questa or quella speranza nuova, e le cose umane ripigliano quella loro apparenza, e mostransi non indegne di qualche cura; non veramente all'intelletto, ma sì, per modo di dire, al senso dell'animo».

Benedetto «senso dell'animo», che salva l'uomo dal sapiente: l'uomo che non odia e non fugge l'uomo, poiché sente di dover affermare, come fa il Leopardi: «Sono nato ad amare, ho amato, e forse con tanto affetto quanto può mai cadere in anima viva», «solito e pronto a eleggere di patire piuttosto io, che essere cagione di patimento agli altri». Questo senso dell'animo gli fa dire: «Se ne' miei scritti io ricordo alcune verità dure e triste, o per isfogo dell'animo, o per consolarmene col riso, e non per altro; io non lascio tuttavia negli stessi libri di deplorare, sconsigliare e riprendere lo studio di quel misero e freddo vero, la cognizione del quale è fonte o di noncuranza e infingardaggine, o di bassezza d'animo, iniquità e disonestà di azioni, o perversità di costumi: laddove, per lo contrario, lodo ed esalto quelle opinioni, benché false, che generano atti e pensieri nobili, forti, magnanimi, virtuosi, ed utili al ben comune e privato; quelle immaginazioni belle e felici, ancorché vane, che danno pregio alla vita; illusioni naturali dell'animo; e infine gli errori antichi, diversi assai dagli errori barbari; i quali solamente, e non quelli, sarebbero dovuti cadere per opera della civiltà moderna e della filosofia». Così aveva pensato fin dal 1815, quando scriveva con animo di credente il *Saggio sopra gli errori popolari degli antichi*. Così continuava a pensare, da miscredente, sette anni dopo, nella canzone *Alla primavera, o delle favole antiche*.

Non si può credere al Poeta, quando, raccogliendo il succo dell'amarissima esperienza amorosa fiorentina e assaporandone il fiero gusto, rivolge *A se stesso* nel '33 quegli accenti disperati ed empi:

> In noi di cari inganni
> Non che la speme, il desiderio è spento.
> ... Amaro e noia

La vita, altro mai nulla; e fango è il mondo.
... Al gener nostro il fato
Non donò che il morire. Omai disprezza
Te, la natura, il brutto
Poter che, ascoso, a comun danno impera,
E l'infinita vanità del tutto.

Momento satanico, ma un solo momento: voce sì dell'anima leopardiana, ma che il lettore attento non può ascoltare se non commi-
sta in armonia profonda a voci più alte che sgorgano da polle maggiori; e che lo stesso Poeta ascolta dentro il suo petto come espressione più schietta della sua propria natura. Alla quale egli non può
rinunziare, convinto che sia da fare «poco stima di quella poesia che,
letta e meditata, non lascia al lettore nell'animo un tal sentimento
nobile, che per mezz'ora gl'impedisca di ammettere un pensier vile, e
di fare un'azione indegna».

Il momento satanico ricorre spesso nel Leopardi. Ma esso è la
prima e fondamentale ribellione di questa forza incoercibile che egli
sente insorgere di dentro a se medesimo, di fronte e a dispetto della
natura, ossia di questo universal meccanismo che regge il mondo
concepito, come il Leopardi aveva appreso a concepirlo, in maniera
rigorosamente materialistica: quel mondo in cui non c'è posto per la
libertà, né quindi per la virtù, né per l'immortalità: per nulla di ciò
che forma l'essenza umana dell'uomo, e gli conferisce la forza d'una
fede, e la fiducia nella sua forza di contrastare alla natura, di domi-
narla e farne strumento di una vita spirituale sempre più ricca.

Lampeggia sì da lungi allo spirito del Poeta l'immagine enorme e
tremenda di quella Natura disumana, che stritola e annienta l'uomo
e tutte le pretese del suo audace ingegno. Si vegga, p. e., come ella gli
si presenta nel *Dialogo della Natura e di un Islandese*: dove all'uomo
che aveva fuggito quasi tutto il tempo della sua vita per cento parti la

Natura e la fuggiva da ultimo nell'interno dell'Africa, sotto la linea equinoziale, in un luogo non mai prima penetrato da uomo alcuno, ecco che gli interviene qualche cosa di simile che a Vasco di Gama nel passare il Capo di Buona Speranza; e s'imbatte nella stessa Natura in petto e in persona: «Vide da lontano un busto grandissimo; che da principio immaginò doveva essere di pietra, e a somiglianza degli ermi colossali veduti da lui, molti anni prima nell'isola di Pasqua. Ma fattosi più da vicino, trovò che era una forma smisurata di donna seduta in terra, col busto ritto, appoggiato il dorso e il gomito a una montagna; e non finta ma viva; di volto mezzo tra bello e terribile, di occhi e capelli nerissimi; la quale guardavalo fissamente». La Natura è infatti qui nelle parti dove si dimostra più che altrove la sua potenza. E alle molte parole con cui l'Islandese si lagna delle tribolazioni che affliggono l'uomo in questa vita a cui non egli ha chiesto di nascere, risponde breve che «la vita di quest'universo è un perpetuo circuito di produzione e distruzione, collegate ambedue tra sé di maniera, che ciascheduna serve continuamente all'altra, ed alla conservazione del mondo; il quale sempre che cessasse o l'una o l'altra di loro, verrebbe parimente in dissoluzione». Intanto sopraggiungono «due leoni, così rifiniti e maceri dall'inedia, che appena ebbero forza di mangiarsi quell'Islandese; come fecero; e presone un poco di ristoro, si tennero in vita per quel giorno. Ma sono alcuni che negano questo caso, e narrano che un fierissimo vento, levatosi mentre che l'Islandese parlava, lo stese a terra, e sopra gli edificò un superbissimo mausoleo di sabbia: sotto il quale colui disseccato perfettamente, e divenuto una bella mummia, fu poi ritrovato da certi viaggiatori, e collocato nel museo di non so quale città di Europa».

Ma lo stesso tono malinconicamente beffardo della prosa dimostra con qual animo il Poeta accolga questa immagine della Natura. E spesso gli torna alle labbra una dichiarazione esplicita: che cioè egli si compiace d'indagare questo mistero enorme dell'universo non per addolorarsi del disperato destino dell'uomo, anzi per riderne. L'ideale della sua personalità è Filippo Ottonieri, filosofo socratico, che con occhi di lince scopre tutto il vano e il doloroso della vita, ma ne ragiona con imperturbabile pacatezza di savio che sta al di sopra e al di fuori della vita, e la ironizza.

Insomma, l'uomo Leopardi non fa la fine dell'Islandese; non soggiace alla natura, pasto dei leoni o còlto improvvisamente dalla sabbia del deserto. Guarda dall'alto e sorride, e sente la propria umanità superiore nell'intelligenza vittoriosa e nello stesso potere di reagire al fato col sentimento. È Bruto minore che dispregia il plebeo il quale, non valendo a cessare gli oltraggi del destino, si consola con la necessità dei danni, quasi fosse men duro un male senza riparo o non sentisse dolore chi è privo di speranza. No,

> Guerra mortale, eterna, o fato indegno,
> Teco il prode guerreggia,
> Di cedere inesperto.

È Saffo, la misera Saffo, misera e magnanima, risoluta ad emendare *il crudo fallo del cieco dispensator de' casi*. A quel modo di emenda a cui s'induce Saffo, Leopardi, a pensarci, non potrà consentire, come sappiamo. Ma per lui resterà sempre, che al fato l'uomo non deve cedere.

Resterà sempre la grandezza dell'animo che col pensiero si leva al di sopra del fato, intende, comprende e sorride:

> Che se d'affetti
> Orba la vita, e di gentili errori,
> È notte senza stelle a mezzo il verno,
> Già del fato mortale a me bastante
> E conforto e vendetta è che su l'erba,

Qui neghittoso immobile giacendo,
Il mar, la terra e il cielo miro e sorrido.

Grandezza eroica, a cui il petto del Poeta si allarga allo spegnersi del caldo raggio di amore di donna che fece battere un momento il suo cuore di speranza e di felicità. Ma questa eroica grandezza non basta; poco stante, nella piena maturità delle sue esperienze morali, tornata la calma dopo la tempesta della patita delusione e del sospettato scherno femminile, egli lascerà venir su dal cuore la risposta più vera che si deve al cieco dispensator dei casi. Quando, presso Portici, nel 1836, mirerà i campi cosparsi di ceneri infeconde e ricoperti d'impietrata lava, là dove erano state liete ville e ricche messi e armenti e città famose, e ora *tutto intorno una ruina involve*, il suo occhio poserà sul gentile flore della ginestra, che, quasi i danni altrui commiserando, *di dolcissimo odor manda un profumo, che il deserto consola*: simbolo della sua poesia, del suo animo, che da questa spietata *empia* natura sa che c'è un conforto e un riparo nella umana compagnia e nell'amore che la stringe insieme incontro al destino:

Nobil natura è quella
Che a sollevar s'ardisce
Gli occhi mortali incontra
Al comun fato, e che con franca lingua,
Nulla al ver detraendo.
Confessa il mal che ci fu dato in sorte.

E non si rivolge stoltamente contro gli uomini, ma contro la natura che sola è rea:

che de' mortali
Madre è di parto e di voler matrigna.

> Costei chiama inimica; e incontro a questa
> Congiunta esser pensando,
> Siccome è il vero, ed ordinata in pria
> L'umana compagnia,
> Tutti fra sé confederati estima
> Gli uomini, e tutti abbraccia
> Con vero amor, porgendo
> Valida e pronta ed aspettando aita
> Negli alterni perigli e nelle angosce
> Della guerra comune.

Oh l'alta meraviglia del Leopardi, dopo circa un lustro di sforzi fatti per affisarsi in quel concetto desolato del mondo che le meditate dottrine gli mettevano innanzi, e spogliarsi d'ogni personale sentire, e obliarsi nella speculazione dell'acerbo vero (non più acerbo del resto a chi lo gusti, poiché *conosciuto*, come dice lo stesso Poeta, *ancor che tristo ha suoi diletti il vero*); dopo avere scritto le *Operette* che sono la filosofia del Leopardi, ma sono pure un momento essenziale dello svolgimento della sua poesia; dopo avere scritto il prosaico programma della sua vita avvenire nell'epistola *Al conte Carlo Pepoli* (1826); dopo aver preso quel freddo bagno nella filologia italiana, che furono per lui le cure spese intorno alle *Rime* del Petrarca e la compilazione della *Crestomazia italiana*: oh l'alta meraviglia, quando si sentì rifluire in petto la vita! Non che risorgesse la speranza; non che la natura gli apparisse sott'altra luce; non che si accorgesse comunque d'errore alcuno ne' suoi filosofemi. Ma insomma,

> Proprii mi diede i palpiti
> Natura, e i dolci inganni.
> Sopirò in me gli affanni
> L'ingenita virtù;

Non l'annullar: non vinsela
Il fato e la sventura;
Non con la vista impura
l'infausta verità.
Dalle mie vaghe immagini
So ben ch'ella discorda;
So che natura è sorda,
Che miserar non sa ...

Il mondo, in ogni parte, è proprio qual egli l'ha raffigurato nelle *Operette*:

Pur sento in me rivivere
Gl'inganni aperti e noti;
E de' suoi propri moti
Si maraviglia il sen.
Da te, mio cor, quest'ultimo
Spirto, e l'ardor natio,
Ogni conforto mio
Solo da te mi vien.

Saffo ha ragione quando afferma:

Mancano, il sento, all'anima
Alta, gentile e pura,
La sorte, la natura,
Il mondo e la beltà.

Saffo però ha dimenticato il suo cuore:

Ma, se tu vivi, o misero,

Se non concedi al fato,
Non chiamerò spietato
Chi lo spirar mi dà.

Ecco, l'anima si calma, torna la vita con le sue attrattive, con la sua gioia; risorge la poesia. Torna al cuore del Poeta Silvia, la giovinetta Silvia splendente di bellezza negli occhi ridenti e fuggitivi, lieta e pensosa; torna Tonda di beate speranze, di pensieri soavi che gli riempivano il petto, al suon della sua voce; quando questa voce gli faceva lasciare gli studi leggiadri per affacciarsi al balcone della casa paterna:

Mirava il ciel sereno,
Le vie dorate e gli orti,
E quindi il mar da lungi, e quindi il monte.
Lingua mortal non dice
Quel ch'io sentiva in seno.

E pur lo aveva detto la sua lingua, dieci anni prima, in quel capolavoro che è l'idillio scolpito nei quindici versi de *L'infinito*, quando, nel fondo dell'empia matrigna, della spietata natura, aveva intravvista, sentita, amata un'altra Natura: l'immensa Natura, verso la quale dal limite stesso della prossima siepe l'anima è lanciata con un impeto di raccoglimento infuso di mistica dolcezza:

interminati
Spazi di là da quella, e sovrumani
Silenzi, e profondissima quiete
...ove per poco
Il cor non si spaura. E come il vento
Odo stormir tra queste piante, io quello
Infinito silenzio a questa voce

Vo comparando; e mi sovvien l'eterno,
E le morte stagioni, e la presente
E viva, e il suon di lei. Così tra questa
Immensità s'annega il pensier mio;
E il naufragar m'è dolce in questo mare.

Di questo momento mistico del Leopardi poco s'è parlato; ed è momento di grande valore per la comprensione della sua anima, che in quest'atteggiamento religioso placa definitivamente il fiero contrasto tra la sua indomita soggettività e la realtà onnipotente e infinita, in cui quella par destinata ad infrangersi. Lo placa in una situazione idillica che, riportando l'individuo alla natura madre, infonde in lui la fiducia rinfrancatrice, di cui l'uomo ha bisogno per vivere, abbandonarsi all'azione e sentire nel proprio petto il respiro eterno e l'infallibile sostegno divino del tutto. Negli idilli perciò, com'egli stesso chiamò i primi pubblicati nel '25-26, risalenti al triennio 1819-21, e quelli posteriori, i grandi idilli che dal canto a Silvia vanno a quello del pastore errante dell'Asia, scritti tra il '29 e il '30, anni della più potente espansione e della lirica più piena e felice del Poeta, è la chiave di vòlta di tutta la poesia leopardiana.

Quando si legge la lettera del 6 marzo 1820 al Giordani: «Poche sere addietro, prima di coricarmi, aperta la finestra della mia stanza, e vedendo un cielo puro e un bel raggio di luna, e sentendo un'aria tepida e certi cani che abbaiavano da lontano, mi si svegliarono alcune immagini antiche, e mi parve di sentire un moto nel cuore, onde mi posi a gridare come un forsennato, domandando misericordia alla Natura, la cui voce mi parve di udire dopo tanto tempo»; non si può non essere commossi da questo prorompere di così alta vena mistica la cui scaturigine evidentemente si cela nel centro vivo più remoto della personalità leopardiana.

E allora s'intende l'invocazione ansiosa della canzone *Alla primavera*:

> Vivi tu, vivi, o santa
> Natura?

Allora si ode quasi il lento respiro queto e dolce e l'arcana soave mestizia della *Vita solitaria*:

> Talor m'assido in solitaria parte,
> Sovra un rialto, al margine d'un lago
> Di taciturne piante incoronato.
> Ivi, quando il meriggio in ciel si volve.
> La sua tranquilla imago il sol dipinge,
> Ed erba o foglia non si crolla al vento;
> E non onda incresparsi, e non cicala
> Strider, né batter penna augello in ramo,
> Né farfalla ronzar, né voce o moto
> Da presso né da lunge odi né vedi.
> Tien quelle rive altissima quiete;
> Ond' io quasi me stesso e il mondo obblio
> Sedendo immoto; e già mi par che sciolte
> Giaccian le membra mie, né spirto o senso
> Più le commova, e lor quiete antica
> Co' silenzi del loco si confonda.

Allora, infine, si scorge il tono vero del *Canto del Pastore*, così buio e pur così luminoso, così accorato e pur così sereno, con i suoi perché disperati, e col suo funereo sigillo (*è funesto a chi nasce il dì natale*) e la sua alata poesia:

Forse s'avess'io l'ale
Da volar su le nubi,
E noverar le stelle ad una ad una,
O come il tuono errar di giogo in giogo,
Più felice sarei...

Poiché il pastore vede che la sua greggia è beata, *quasi libera d'affanno*, e che, sopra tutto, *tedio non prova*, a differenza di lui, che non ha pace anche sedendo sopra l'erba, all'ombra, poiché un fastidio gl'ingombra la mente e uno sprone lo punge di dentro e non gli lascia riposo. E ogni animale giacendo, a bell'agio, ozioso, si appaga. Vede il pastore che nel seno della natura è la felicità; e l'affanno nasce dall'opporsi a lei con l'irrequieto ingegno destinato ad avvolgersi in un insolubile intrigo, in una fatica vana senza speranza.

Tutta la poesia del Leopardi attinge in quel punto mistico del ritorno alla gran madre la pace e la gioia. Allora egli parla dei *pensieri immensi* e *dolci sogni* che gli ispirò sempre, nello stesso modesto giardino della casa paterna, «la vista di quel lontano mar, quei monti azzurri». Per lui, come pel passero solitario, non sollazzi, né riso, né amore: ma cantare sì, come l'uccellino che dalla vetta della torre antica va cantando, alla campagna, finché non muore il giorno; ed erra l'armonia per la valle, mentre

Primavera d'intorno
Brilla nell'aria, e per li campi esulta,
Sì ch'a mirarla intenerisce il core.

L'uccellino non si tormenta col pensiero della giovinezza che passa e della morte che s'avvicina: poiché *di natura è frutto ogni sua vaghezza* e in lei non è affanno: e da lei sgorga pure il suo canto; il canto che aduna nel cuore la dolcezza della primavera che fa brillare l'aria e esultare le campagne.

Anche uomini di alto intelletto, come Gino Capponi, han voluto dar sulla voce al Leopardi per quel suo concetto della infelicità che cresce negli uomini in proporzione della loro grandezza: ossia del loro ingegno e sapere. Come se questo stesso lamento non uscisse dalle Sacre Carte! E gli han voluto far osservare che felice era certo egli stesso mentre componeva i suoi canti, e riusciva ad essere Leopardi. Come se non fosse questo il significato di tutta la poesia leopardiana, e la sorgente del suo irresistibile incanto! Leopardi lo sapeva bene, e sotto la data del 30 novembre 1828 ne' suoi *Pensieri* annotava: «Felicità da me provata nel tempo del comporre, il miglior tempo ch'io abbia passato in mia vita, e nel quale mi contenterei di durare finch'io vivo! Passar le giornate senz'accorgermene e parermi le ore cortissime, e meravigliarmi sovente io medesimo di tanta facilità di passarle». E nell'agosto del '23 non aveva egli scritto, tra gli stessi *Pensieri*, che «niuna cosa maggiormente dimostra la grandezza e la potenza dell'umano intelletto... che il poter l'uomo conoscere e interamente comprendere e fortemente sentire la sua piccolezza»?

Tale il suo canto: il più squisito frutto dell'operare della natura santa e onnipossente, raccolta, per dir così, a far la più alta prova del suo potere dentro il genio dell'uomo. Il quale, pertanto, in se stesso, infine, trova se stesso, scoperta che abbia la fonte della sua vita: quel divino, che ha in sé e gli colora il mondo delle beate larve, e lo solleva da questa vicenda perpetua di nascere e di morire, di fallaci promesse e di vane speranze, al regno immortale della vita dello spirito. E quando scopre questa sorgente, egli è veramente lui, il genio; e sente l'amore che abbellisce e conforta, e crede nella potenza e nella grandezza dell'umana intelligenza, e torna ad amare la vita nobilitata dall'ideale. E pur con le dolenti parole suggeritegli dallo spettacolo del mondo esteriore in cui l'uomo rischia di smarrirsi, sente l'ineffabile gusto dello spirito che si ritrae in se stesso e nel sentimento del proprio valore, quale si svela al contatto di quella natura eterna, in cui è il suo principio e con cui perciò deve immedesimarsi per trovare le radici del suo proprio essere. *E il naufragar m'è dolce in questo mare.* Qui la grandezza del Poeta; qui l'incanto della sua poesia, che i giovani amano per l'amore della giovinezza che vi spira dentro; che gli uomini maturi ed esperti della vita amano non meno per il lucido specchio che essa offre degli aspetti dolorosi dell'esistenza, attraverso i quali si deve avere il coraggio di vivere, malgrado ogni disinganno; che tutti gli uomini, piccoli e grandi, dotti o ignoranti, considerano come uno dei doni più preziosi di Dio all'umanità. Piccolo libro, in cui un gran cuore parla a tutti i cuori, e li unisce (poiché unirsi devono per salvarsi) in un sentimento acuto della miseria innegabile della vita e della non meno innegabile azione dello spirito che affranca da ogni miseria e infonde la fede per cui si ha la forza di vivere. Piccolo libro, sacro per gl'Italiani e per tutti gli uomini, come tutti i libri in cui grandi pensieri si sono fatti semplici e chiari e perciò facili, com'è al passero solitario il suo perpetuo canto: anima della sua anima. Piccolo libro da leggere bensì non a brani e frammenti, ma intero, affinché non sia frainteso, dimostri tutta la sua bellezza e spieghi insieme la sua dolce virtù consolatrice e animatrice.

# VII

## POESIA E FILOSOFIA DEL LEOPARDI

Conferenza tenuta al Lyceum di Firenze il 6 aprile 1938 e pubblicata nel volume di letture *Giacomo Leopardi* a cura di J. De Blasi (Firenze, Sansoni, 1938). Ripubblicata in *Poesia e filosofia di Giacomo Leopardi* (Firenze, Sansoni, 1939).

A parlare della filosofia di un poeta, e di un grande poeta, o, che è lo stesso, delle relazioni del pensiero di questo poeta con la filosofia, un pover uomo, per discreto che voglia essere, si espone al rischio di toccare un tasto falso e di riuscire uggioso e molesto fin dalle prime parole. Ripugna infatti al senso poetico di cui ogni spirito bennato è più o meno riccamente dotato, questa ricerca che ha tutta l'aria d'una pretesa pedantesca, illegittima e affatto arbitraria: questa ricerca di mettere quel che pensa un poeta, sopra tutto, ripeto, se è un grande poeta, e cioè un poeta vero, quel che egli riesce a dire, ossia quello che egli sente, e sente profondamente, al paragone degli astratti schemi in cui ogni filosofia va a finire. Non già che i poeti non abbiano anch'essi la loro filosofia, un loro concetto della vita, una loro fede. Oh se l'hanno! Non c'è uomo che non ne abbia una. Anzi con la vivezza e col vigore del suo sentire la sostanza della propria vita spirituale, nessuno così fortemente come il poeta afferma la propria fede e la oppone ad ogni più meditata dottrina che si esibisca da coloro che passano per gli autorizzati interpreti della filosofia; nessuno più di lui è convinto d'avere una sua filosofia capace di sbaragliare tutte le altre. Ma le battaglie che il poeta combatte e vince, si svolgono dentro al chiuso della sua fantasia. E gli possono bensì procurare la gioia della vittoria, ma una gioia tutta soggettiva come di chi in sogno viene a capo del suo più arduo desiderio e coglie il fiore più bello del giardino della vita. E nella storia — che giudica tutti gli individui e le opere loro, perché con la ragione sovrana prima o poi valuta le ragioni di ciascuno — di fronte al poeta rimane sempre il filosofo, che scopre le contraddizioni del primo, il carattere dommatico e gratuito delle sue asserzioni, l'immediatezza irrazionale della sua fede; e insomma i difetti e le debolezze del suo pensiero; e viene così a trovarsi nella impossibilità di scorgere la grandezza della sua personalità se a misurarla non adotti un metro diverso. E che cosa di più irriverente e ottusamente inumano e brutale che accostarsi ai grandi uomini per guardarli da tutti i lati, anche da quelli che lasciano scorgere i loro difetti, e non guardarli mai da quell'unico aspetto in cui rifulge la loro grandezza? Fu detto che non c'è grande uomo per il suo cameriere; e potrebbe parere che in fine il filosofo sia, per tale rispetto, il cameriere del poeta; gli spazzola i vestiti, gli allaccia le scarpe, ma non lo guarda mai in faccia.

Oh la servitù numerosa che sta intorno al poeta! C'è il filosofo; ma c'è anche l'antropologo e lo psicologo; c'è lo storico puro e c'è il filologo: schiere e schiere di scienziati, servitori dalle più vistose livree; i quali, per quel garbo e quella riservatezza che sono tra i requisiti più elementari del mestiere che esercitano, non alzano mai gli occhi verso il padrone, per entrargli nell'anima e scrutarne la passione, intenderla, sentirla, partecìparvi. Certo non si permetterebbero mai tanta confidenza!

Nessuna meraviglia poi se il poeta guarda dall'alto tutto questo servitorame, e sta sulle sue, per non confondersi, per salvare se stesso e vivere la sua vita superiore, di cui è geloso come del suo tesoro. Talora può concedere un sorriso di umana indulgenza o signorile degnazione; ma il più spesso guarda con que' suoi acuti occhi che penetrano negli ascosi pensieri — così laboriosi, così opachi, così grevi; — e negli angoli della bocca il sorriso diventa ironia, sarcasmo. E allora la povera filosofia, anche pel poeta, come per tutti gli uomini che la filosofia assedia, assilla e infastidisce con le sue incessanti inchieste e pretese, diventa materia di satira.

Allora, il Leopardi esce in un'osservazione di gusto volteriano, come questa che è nello *Zibaldone*, sotto la data del 7 novembre 1820: «L'apice del sapere umano e della filosofia consiste a conoscere la di lei propria inutilità se l'uomo fosse ancora qual era da principio; consiste a correggere i danni ch'essa medesima ha fatti, a rimetter l'uomo in quella condizione in cui sarebbe sempre stato s'ella non fosse mai nata. E perciò solo è utile la sommità della filosofia, perché ci libera e disinganna dalla filosofia». Osservazione che ama ripetere il 21 maggio 1823, dandola come un «suo principio»: «La sommità della sapienza consiste nel conoscere la propria inutilità, e come gli uomini sarebbero già sapientissimi s'ella non fosse mai nata: e la sua maggiore utilità, o almeno il suo primo e proprio scopo, nel ricondurre l'intelletto umano (s'è possibile) appresso a poco a quello stato in cui era prima del di lei nascimento». E in assai più nitida forma tornerà a ribadirla infine come uno de' capisaldi delle sue più profonde convinzioni, nel '24, nel *Dialogo di Timandro e di Eleandro*: «L'ultima conclusione che si ricava dalla filosofia vera e perfetta, si è, che non bisogna filosofare».

Nei *Paralipomeni* (IV, 14) degli ultimi anni, anzi degli ultimi giorni della sua vita, più amaramente dirà:

> Non è filosofia se non un'arte
> La qual di ciò che l'uomo è risoluto
> Di creder circa a qualsivoglia parte,
> Come meglio alla fin l'è conceduto,
> Le ragioni assegnando empie le carte
> O le orecchie talor per instituto
> Con più d'ingegno o men, giusta il potere

Che il maestro o l'autor si trova avere.

Eppure, s'ingannerebbe sul vero pensiero del Leopardi chi si limi-
tasse a leggere questa sola ottava dei *Paralipomeni*, come chi si diver-
te a ripetere col Petrarca: *Povera e nuda vai filosofia*, dimenticando o
ignorando che il Petrarca continua: *Dice la turba al vil guadagno intesa.* Dopo l'ottava che ho letta, il Leopardi infatti si ripiglia nella
seguente, e precisa, compiendolo, il pensier suo in questo modo:

> Quella filosofia dico che impera
> Nel secol nostro senza guerra alcuna,
> E che con guerra più o men leggera
> Ebbe negli altri non minor fortuna,
> Fuor nel prossimo a questo, ove, se intera
> La mia mente oso dir, portò ciascuna
> Facoltà nostra a quelle cime il passo
> Onde fosto inchinar l'è forza al basso.

La filosofia, dunque, che il Leopardi schernisce è quella teologica,
come allora si diceva, dommatica, spiritualistica; la filosofia della
Restaurazione e del Romanticismo. La filosofia imperante al suo
tempo: non ogni filosofia. Anzi la filosofia imperante, tutta ottimistica, presuntuosa, intollerabile alla mentalità leopardiana perché in
contrasto coi fatti e con le necessità di ogni libera mente, provenien-
te, come pur quivi si dice,

> da quella
> Forma di ragionar diritta e sana
> Ch'a priori in iscola ancor s'appella,
> Appo cui ciascun'altra oggi par vana,
> La qual per certo alcun principio pone

E tutto l'altro poi a quel piega e compone;

cotesta filosofia non è satireggiata qui propriamente dalla poesia,
ma dalla filosofia stessa, o, se si vuole, da un'altra filosofia.
Si tratta della filosofia falsa che è combattuta e debellata dalla vera: ossia da
quella che all'autore par vera. Neanche si può dire quel che dice il
Manzoni degli avversari della filosofia respinta in tutte le sue forme
e in generale, quando osserva che anch'essi, questi avversari della
filosofia, senza saperlo, hanno una loro filosofia, servitori senza
livrea. Il Leopardi sa di avere la sua filosofia; anzi, per cominciare ad
intenderci, egli propriamente professa di averne due. Dico di più:
senza l'intelligenza di questa sua duplice filosofia si rischia di fare, a
proposito del Leopardi, di quella esegesi filosofica, ovvero sia di
quella filosofia, che s'è soliti fare, e che s'è sempre fatta fin dal tempo
del Leopardi; una filosofia infarcita di luoghi comuni e di massiccia
pedanteria: filosofia da camerieri che allacciano le scarpe e non guardano in faccia.

Con la filosofia cosiffatta va a braccetto una critica che si chiama
infatti filosofica, presuntuosa non meno, tutta chiusa all'intelligenza
dell'anima del Poeta e però della sua poesia. La quale critica io mi per-
metto di condannare per una ragione di metodo, che ritengo fondamentale. Ed è questa: che l'essenza della poesia non è nel pensiero del
poeta, ma nel sentimento che il poeta ha del suo pensiero: non è nel
mondo che egli vede, ma negli occhi con cui lo vede e lo accoglie, lo
fa vibrare e vivere nel suo interno. Fuori del quale ogni realtà, sensibile o ideale, è semplice astrattezza inafferrabile. Lì, nel trepido
moto dell' intimo sentire, in cui il mondo ha il suo centro di vita, è
l'attualità di quanto si vede o si pensa, o si può vedere e pensare; e lì
è la sorgente della poesia. Perciò una critica che innanzi alle *Operette
morali* si ferma allo «spirito angusto, retrivo e reazionario», cioè alle
idee negative che vi spaziano dentro, e per ciò non riesce a scorgere

quanto v'è di umano e cioè di positivo ed eterno, è critica radical-
mente sbagliata, che scambia le ombre con i corpi saldi. Poiché le
idee, una volta astratte dall'atteggiamento che l'anima assume verso
di esse, ossia dal concreto atto vitale a cui esse partecipano e da cui
traggono il loro significato vivente, sono pallide ombre che il critico
si fingerà astrattamente, ma non potrà mai abbracciare al suo petto.

Nel caso del Leopardi poi c'è di più; perché, come ho accennato, se
egli ha una filosofia tutta negativa, naturalistica e materialistica, che
gli sembra inoppugnabile e che fa materia di assiduo pensare e ispirazione altresì del suo canto, egli ha la filosofia di cotesta sua filosofia. E in questa filosofia superiore che è negazione della negazione, e
che afferma perciò, come abbiamo udito da Eleandro, ultima conclusione della filosofia vera e perfetta esser quella, che non bisogna filosofare; in questa filosofia superiore è il senso serio e profondo di quella che a primo aspetto ci è parsa condanna beffarda della filosofia,
giudicata inutile anzi dannosa.

Lo stesso Leopardi, teorizzando questa filosofia superiore, in cui fa
consistere la cima della sapienza, la chiama, nello *Zibaldone* (7 giugno 1820), «ultrafilosofia»: una filosofia «che conoscendo l'intero e
l'intimo delle cose, ci ravvicini alla natura»: filosofia naturale, spontanea, primitiva, barbara; più che alle origini, si trova nella maturità
della intelligenza umana. Sentiamo da capo Eleandro, che nel suo
stesso nome vuol essere l'interprete della filosofia leopardiana contro
la pretensiosa filosofia ottimistica alla moda di Timandro: «S'ingan-
nano grandemente», egli dice, «quelli che dicono e predicano che la
perfezione dell'uomo consiste nella conoscenza del vero, e tutti i suoi
mali provengono dalle opinioni false e dalla ignoranza, e che il genere umano allora finalmente sarà felice, quando ciascuno o i più degli
uomini conosceranno il vero, e a norma di quello solo comporranno
e governeranno la loro vita. E queste cose le dicono poco meno che

tutti i filosofi, antichi e moderni». Timandro ha concesso ad Eleandro che tutti sono infelici; gli ha concesso la necessità della nostra miseria, e la vanità della vita, e l'imbecillità e piccolezza della specie umana, e la naturale malvagità degli uomini; gli ha concesso che in queste verità si assommi la sostanza di tutta la filosofia; ma deplora egli che tali verità vengano divulgate col solo frutto di spogliare gli uomini della stima di se medesimi («primo fondamento della vita onesta, della utile, della gloriosa») e distorli dal procurare il loro bene.

— Ma dunque, ribatte Eleandro, «quelle verità che sono la sostanza di tutta la filosofia, si debbono occultare alla maggior parte degli uomini; e credo che facilmente consentireste che debbano essere ignorate o dimenticate da tutti: perché sapute, e ritenute nell'animo, non possono altro che nuocere. Il che è quanto dire che la filosofia si debba estirpare dal mondo». Dunque, non bisogna filosofare, come s'è detto.

Dunque, incalza Eleandro, «la filosofia primieramente è inutile, perché a questo effetto di non filosofare non fa di bisogno di essere filosofo; secondariamente è dannosissima, perché quella ultima conclusione non vi s'impara se non alle proprie spese, e imparata che sia, non si può mettere in opera; non essendo in arbitrio degli uomini dimenticare le verità conosciute, e deponendosi più facilmente qualunque altro abito che quello di filosofare».

Non si può mettere in opera. Il che significa che l'ultrafilosofia — che è la conclusione perfetta e perciò la vera filosofia — non estirpa e distrugge l'altra, falsa o insufficiente. La quale, buona o cattiva che sia, è quella che è: e, una volta piantata nel cervello dell'uomo, vi resta confitta incrollabilmente, anche suo malgrado, quantunque insieme con essa e al disopra di essa ci sia una verità certamente più umana e degna dell'uomo, diretta a ricostruire quel che la prima ha demolito.

Verità? Se per verità s'intende solamente quel che si conosce per mezzo dell'esperienza e di quello schietto ragionare che s'appoggia sempre ai fatti osservati, questa della filosofia superiore non è verità, ma esigenza dell'animo, e voce misteriosa della più profonda natura, che la filosofia più tenace e più pervicace non riuscirà mai a spegnere. Ma se verità è la mèta raggiunta filosofando, questa è la verità assoluta, perché messaci innanzi dalla stessa filosofia quando sia riuscita ad elevarsi fino alla sommità della sapienza. Dove, volendo pur non contraddire alle verità via via accertate e sempre più strettamente connesse e saldate insieme in irrepugnabile sistema, bisognerà sì rassegnarsi a dire errori in sembianza di verità, illusioni, fantasmi, tutte quelle altre verità che come tali si rappresentano all'uomo il quale a quella sommità sia pervenuto; e quindi veda rivivere il mondo nella pienezza rigogliosa della sua vita primitiva, felice, ridente, soffusa di una divina aura di giovinezza ignara e fidente. L'uomo Leopardi non può non filosofare; non può non passare attraverso la prima filosofia; ma non può né anche non giungere infine alla seconda e superiore. Dove egli ritrova tutto quello che ha perduto.

Lo ritrova, s'intende, com'è possibile soltanto dopo averlo perduto; poiché dimenticare quel che ha saputo e sa, non potrà mai; a quel modo che può tornar fanciullo un uomo che ha vissuto e sofferto tutte le delusioni e le amarezze del mondo, e può riacquistare il gusto della virtù chi abbia una volta bevuto al calice del bene e del male.

Chi distingue nel pessimismo leopardiano due fasi o forme, la prima di un pessimismo storico in cui tutto il male è frutto dell'«irrequieto ingegno» e dello «scellerato ardimento» degli uomini contro gl'*inermi regni della saggia natura* (di cui si parla nell'*Inno ai Patriarchi*), e l'altra di un pessimismo cosmico che fa gli stessi uomini vittime incolpevoli della immane natura, si lascia sfuggire l'unità fondamentale dello spirito del Poeta, dov'è, ripeto, il segreto della sua poesia: di quella dolcezza che ci suona dentro alla lettura dei canti dal

primo all'ultimo, e in forma più palese e più sistematicamente determinata, almeno nell'intenzione dello scrittore, nelle *Operette morali*:
dolcezza che vince, per così dire, tutta l'amarezza che negli uni e nelle
altre si riversa nelle più varie forme dell'anima di quest'uomo, che fu
certamente tanto grande quanto infelice, e seppe accogliere nella vasta
onda della sua poesia tutto il dolore del mondo, ma non per avvolgere il mondo stesso nella tenebra della disperazione, anzi per illumi-
narlo coi raggi d'una indomata fede nella vita con i suoi ideali e con
i suoi entusiasmi.

La verità è quella che ci viene apertamente attestata nello stesso
disegno delle *Operette*. Le quali cominciano col mito delle origini
della umanità governate dall'amore e finiscono nella conclusione di
Eleandro: «Se ne' miei scritti io ricordo alcune verità dure e triste, o
per isfogo dell'animo, o per consolarmene col riso, e non per altro [e
dunque egli ha sfogato, e s'è consolato e ora può parlare con animo
pacato e sereno], io non lascio tuttavia negli stessi libri di deplorare,
sconsigliare e riprendere lo studio di quel misero e freddo vero, la
cognizione del quale è fonte o di noncuranza e infingardaggine, o di
bassezza d'animo, iniquità e disonestà di azioni, e perversità di costumi: laddove, per lo contrario, lodo ed esalto quelle opinioni, benché
false, che generano atti e pensieri nobili, forti, magnanimi, virtuosi,
ed utili al ben comune e privato; quelle immaginazioni belle e felici,
ancorché vane, che danno pregio alla vita; le illusioni naturali del-
l'animo; e in fine gli errori antichi, diversi assai dagli errori barbari, i
quali solamente, e non quelli, sarebbero dovuti cadere per opera della
civiltà moderna e della filosofia». E più tardi l'autore aggiungerà il
*Dialogo di Plotino e di Porfirio*, dove l'accento torna sull'amore come
sovrana legge della vita e rintuzza la volontà suicida dell'egoista giun-
to al fondo della disperazione della sua vita senz'amore. Prima parola
ed ultima, amore. Quella stessa che risuona in fondo ai *Canti*, nella

*Ginestra.* E contraddice certamente al freddo vero dell'*Epistola al Pepoli* e dello *Zibaldone*, e delle *Operette* e dei *Pensieri* e dei *Paralipomeni* e dei *Nuovi credenti* e insomma a tutto il contenuto prosaico della poesia leopardiana: voglio dire a tutto quel sistema di filosofia che era, nel vocabolario del Leopardi, la verità in opposizione agli errori: a tutto il complesso degli insegnamenti di quella filosofia secolo XVIII che, per altro, negli stessi *Paralipomeni,* dove più espressamente essa viene esaltata, non impedisce al Leopardi di uscire in quel famoso grido del cuore (V, 47):

> Bella virtù, qualor di te s'avvede,
> Come per lieto avvenimento esulta
> Lo spirto mio.

Cotesta filosofia, non occorre esporla. Tutti la conoscono. È quella concezione del mondo, che giustifica un empirismo assoluto. Lo spirito vuoto; e tutto quello che in esso può mai trovarsi, un derivato meccanico dall'esterno attraverso i sensi. Quindi lo stesso spirito, il quale da chi tenga fermo al concetto delle sue esigenze imprescindibili, non può non raffigurarsi dotato di libertà, e quindi appartenente a quel mondo dei valori per cui è possibile un pensare logico che sia vero in opposizione al falso, o un volere buono in contrasto col malvagio, e un'arte creatrice di bellezza che si libri nel puro aere ideale e sovrasti alla miseria di tutte le cose brutte; lo stesso spirito, dico, tratto a sentirsi, nel vuoto assoluto che si trova dentro, nulla: assoluto nulla, in cui libertà e verità e virtù e bellezza non possono essere, in fondo, altro che vane larve e falsi miraggi di un'immaginazione ingenua e fanciullesca. E il tutto è natura: cioè questa realtà che si rappresenta a un tratto tutta spiegata nello spazio e nel tempo, materiale, risultante da infinite parti e particelle che si condizionano a vicenda in guisa che ciascuna sia o si muova in conseguenza di tutte le altre: in un meccanismo universale, dove tutto quel che accade, è fatale di una necessità che schiaccia e stritola ogni vana pretesa dell'uomo che si provi a mutare il corso del destino. Tutto. Anche il sentimento che sboccia nel cuore degli uomini, e che soltanto l'irriflessione e l'ignoranza ci possono far giudicare buono o cattivo; anche il giudizio con cui ci s'illude di distinguere il vero dal falso. Anche la volontà che non sceglie, come si favoleggia, tra bene o male, ma scoppia in un senso o nell'altro con la stessa cieca necessità del fulmine nelle tempeste della natura.

La natura dunque è tutto, e l'uomo nulla. La natura, perché meccanica, incomprensibile, opaca, ripugnante a ogni razionalità (perché la ragione è discriminazione, scelta, libertà). Un mistero.

Così dice cotesta filosofia, come se tutto questo, che essa dice con tanta sicurezza, fosse possibile; come se cioè fosse possibile un mondo in cui, se non altro, la verità sia una parola vana, e ci sia nondimeno posto per l'uomo che, in mezzo a questo universale meccanismo, nel mistero di questa tenebra profonda e per definizione invincibile, abbia pure il diritto di affermare che la verità sia proprio quella che egli asserisce! Come se fosse possibile salvare una verità qualsiasi dal naufragio d'ogni verità.

Filosofia dunque essenzialmente contraddittoria, che nei filosofi empiristi, naturalisti, materialisti, tipo secolo XVIII, è ignara di questa sua immanente contraddizione, tra la ragione che si nega e la ragione che per negarsi rivendica di fatto il proprio potere e valore. Filosofia accettata dal Leopardi, ma con un'anima che troppo sente le conseguenze dolorose di essa e troppo è naturalmente dotata di quella forza con cui lo spirito reagisce ai limiti che si oppongono alla sua libertà, e quindi al dolore, per non aver coscienza di tale contraddizione. E questa coscienza è in lui acutissima. L'uomo, pertanto, che dovrebbe prostrarsi di fronte alla natura nel senso angoscioso del proprio niente, non piega, invece, non s'accascia, non rinunzia alle sue verità, anche se battezzate fantasmi. Il dolore, attraverso la potente reazione di tutto il suo spirito nel senso gagliardo e tenace con cui l'apprende e lo ferma nel cristallo della sua divina fantasia, si trasfigura: non è più il limite della sua forza e della sua libertà; è poesia, cioè umanità; è grandezza umana, trionfo della potenza creatrice, che è libera e infinita potenza.

Qui l'anima del Leopardi, qui il fascino della sua poesia. La quale non trae la sua ispirazione centrale dall'astratto concetto di quel crudo materialismo, che annienta l'uomo e fiacca perciò ogni velleità di vivere a proprio modo, a norma de' propri ideali, in un mondo qual egli perciò lo vagheggi, liberamente, ma da questo senso profondo, or cupo e straziante, or placato e sereno, che gli viene dalla sua «ultrafilosofia», dal bisogno di respingere come antiumana e contraddittoria alla incoercibile natura dell'uomo cotesta filosofia negativa e soffocante. Ora è Bruto minore, *nudo di speranza,* ma *prode, di cedere inesperto*, nella sua guerra mortale contro il fato indegno, in atto di sfida magnanima contro il Destino, che egli vince, violento irrompendo nel Tartaro:

> e la tiranna
> Tua destra, allor che vincitrice il grava,
> Indomito scrollando si pompeggia.
> Quando nell'alto lato
> L'amaro ferro intride,
> E maligno alle nere ombre sorride.

Ora è la misera Saffo, *grave ospite* di natura, estranea alla *infinita beltà* di questa, consapevole del *prode ingegno* che pur le venne in sorte assegnato, delle proprie *virili imprese*, del *dotto canto*, della virtù insomma che può vantare; ed ecco, è risoluta di spargere a terra il velo indegno ricevuto da natura, primo principio della sua infelicità; e morire, ed emendare così «il crudo fallo del cieco dispensator de' casi».

Ora è il Poeta stesso, che invoca la morte liberatrice:

> Ma certo troverai, qual si sia l'ora
> Che tu le penne al mio pregar dispieghi,
> Erta la fronte, armato,
> E renitente al fato.
> La man che flagellando si colora
> Nel mio sangue innocente
> Non ricolmar di lode.
> Non benedir, com'usa
> Per antica viltà l'umana gente;
> Ogni vana speranza onde consola
> Sé coi fanciulli il mondo,
> Ogni conforto stolto
> Gittar da me.

O che, stanco di sperare e disperare, sente in sé spento anche il desiderio, e vuol acquetarsi nell'ultima disperazione e chiudersi in un superbo disdegno di se medesimo, della natura e di questa «infinita vanità del tutto»: nel disprezzo del «brutto poter che, ascoso, a comun danno impera».

Ora invece, il Poeta s'accosta a questa Natura misteriosa, arcana, e si scioglie in un mistico sentimento della sua vita infinita e divina. Giacché si sa che il naturalismo è stretto parente della mistica, che ugualmente oppone la realtà all'uomo al punto da non lasciargli più modo di distinguersene e spingerlo perciò al desiderio d'immergersi e immedesimarsi col tutto infinito che gli è davanti e lo attrae. E allora il Leopardi ricompone il suo volto dal ghigno della ribellione, e scioglie il suo dolore, ossia quella sua soggettività solitaria e disperata di uomo che, perduta la giovinezza, vede intorno a sé il deserto e il buio della sera e dell'orrida vecchiezza, nella languida consolazione degli Idilli: de l'*Infinito*, dove il poeta non canta più il suo dolore, ma il dolce gusto dell'eterno:

> Così tra questa
> Immensità s'annega il pensier mio:
> E il naufragar m'è dolce in questo mare;

de *La sera del dì di festa*, dove il cuore si stringe

> A pensar come tutto al mondo passa
> E quasi orma non lascia;

e il suono delle umane glorie e degl'imperi più famosi cede come il canto dell'artigiano che riede a tarda notte al suo povero ostello poiché la festa è finita:

> Tutto è pace e silenzio, e tutto posa
> Il mondo;

e risveglia nella memoria del poeta una immagine accorante insieme e viva divenutagli familiare:

> ed alla tarda notte
> Un canto che s'udia per li sentieri
> Lontanando morire a poco a poco...;

de *La vita solitaria*, dove «l'altissima quiete» del meriggio presso all'immoto specchio del lago di taciturne piante incoronato gli fa obliare se stesso e il mondo:

> e già mi par che sciolte
> Giaccian le membra mie, né spirto o senso
> Più le commova, e lor quiete antica
> Co' silenzi del loco si confonda.

Estasi; estasi mistica che fa risalire dal petto il trepido grido dell'angoscia religiosa, che echeggia nel canto *Alla primavera, o delle favole antiche*:

> Vivi tu, vivi, o santa
> Natura?

e quello anche più antico della stupenda lettera al Giordani del marzo 1821, che convien rileggere: «Poche sere addietro, prima di coricarmi, aperta la finestra della mia stanza, e vedendo un cielo puro e un bel raggio di luna, e sentendo un'aria tepida e certi cani che abbaiavano da lontano, mi si svegliarono alcune immagini antiche, e mi parve di sentire un moto nel cuore, onde mi posi a gridare come un forsennato, domandando misericordia alla Natura, la cui voce mi parve di udire dopo tanto tempo».

A questa religione, da cui la filosofia inferiore allontana, riconduce quella superiore, la ultrafilosofia. Quando il Leopardi annota nello *Zibaldone* (1° dic. 1820) che «la filosofia... s'ha per capital nemica della Religione, ed è vero», egli parla (com'è evidente dal seguito della sua nota) della filosofia inferiore. Egli stesso ha il pensiero a una diversa filosofia quando, sotto la data del 5 ottobre 1821, segna questo pensiero profondo: «I tedeschi si strisciano sempre intorno e appiedi alla verità; di rado l'afferrano con mano robusta: la seguono indefessamente per tutti gli andirivieni di questo laberinto della natura, mentre l'uomo caldo di entusiasmo, di sentimento, di fantasia, di genio, e fino di grandi illusioni, situato su di una eminenza, scorge d'un'occhiata tutto il laberinto, e la verità che sebben fuggente non se gli può nascondere». La mano robusta dunque non si contenta della ragione, ma vuole anche cuore, fede, natura o «senso dell'animo», genio; e cioè, non sa che farsi della piccola ragione, poiché ha bisogno della grande. La quale non s'illude di aver spiegato tutto quando ha spiegato la natura, e non ha spiegato e si mette in condizioni di non poter più spiegare l'uomo, e deve rassegnarsi a dire errori quelle verità che sono fondamento alla vita umana. L'uomo, che è poi colui che si propone il problema della natura, e senza del quale pertanto il problema stesso non sorgerebbe mai. L'uomo, che quella mezza filosofia della ragione piccola rinserra e schiaccia nel meccanismo della natura e condanna alla schiavitù del nulla, ma che risorge in tutta la sua libertà e nel suo valore infinito appena la grande ragione gli faccia sentire la sua grandezza nella sua stessa infelicità: «Niuna cosa» infatti, come si legge nello *Zibaldone* (12 agosto 1823), «maggiormente dimostra la grandezza e la potenza dell'umano intelletto... che il poter l'uomo conoscere e interamente comprendere e fortemente sentire la sua piccolezza»; e provare la gioia del comporre, del cantare, del pensare, del sentire!

L'infelicità, essa stessa, poiché sentita, intesa, espressa, è grandezza, eccellenza. E perciò l'uomo non soggiace alla natura, e può non temere la morte, e può, come la ginestra, consolare il deserto col profumo del suo divino alito spirituale. Perciò infine il poeta c'insegna, in una forma lapidaria che fa parere il suo detto quasi proverbio, che «nessun maggior segno d'essere poco filosofo e poco savio, che voler savia e filosofica tutta la vita» (*Pens.*, n. 27). Verità infatti che merita di passare in proverbio tra i filosofi. E pel Leopardi vuol dire che nella vita non c'è soltanto la filosofia: c'è altro ancora, che è poi sempre filosofia. La vera però, che afferra la verità con mano robusta, non quella falsa che sola par vera all'angusto intelletto del filosofo chiuso nel bozzolo del suo intellettualismo.

La quale filosofia, si ponga mente, una volta, come s'è veduto, il Poeta la chiama ultrafilosofia; ma non è poi altro propriamente che la sua personalità, il suo modo di vedere e di sentire la vita, quell'ingenita virtù che prorompe nel *Risorgimento*, quando l'anima si risvegliò e rivide meravigliata salire su dal profondo i palpiti naturali, i dolci inganni, la speranza, e il sentimento della natura («Meco ritorna a vivere. La piaggia, il bosco, il monte; Parla al mio core il fonte, Meco favella il mar»): quella ingenita virtù, che gli affanni poterono sopire;

> Non l'annullar: non vinsela
> Il fato e la sventura;
> Non con la vista impura
> L'infausta verità.

La virtù da cui sgorga la poesia; e che è, io dico, la stessa poesia, depurata dalle forme in cui il pensiero la determina e attua. Giacché io non vorrei che nelle parole, nelle formule, nei concreti pensieri, come sistematicamente si possono comporre ad unità nelle esposizioni che l'autore non fece delle sue idee, e che, sempre a fatica e non senza arbitrarie glosse, continuano a imbandirci quei camerieri del Leopardi che sono i suoi interpreti, pronti a sobbarcarsi a scriver loro sulla filosofia del Leopardi i volumi che questi non pensò mai di scrivere; non vorrei, dico, si ricercasse una vera e formata filosofia come opera riflessa e logicamente costruita su' suoi fondamentali convincimenti e orientamenti.[1]

---

[1] Mi perdoni la grande e austera ombra del Poeta questa parola cara oggi a certi spiriti spigolisti e vanitosi, che ogni giorno che il Padre manda in terra, suonano a stormo per adunar gente e catechizzarla tra un sorriso mellifluo e un ohibò di pelosa carità, e disporla a cercare con essi l'orientamento che essi non riescono mai a trovare.

No; le parole, i pensieri più o meno frammentari e sparsi, le sentenze assai spesso felicemente formulate non possono essere pel critico altro che accenni, spie dell'anima del Poeta. La cui individualità è caratterizzata e, propriamente, individuata da un certo atteggiamento, che è la concreta filosofia dell'uomo: quella che, conferendo all'uomo un carattere, non ci spiega tanto le sue parole, spesso espressioni di cose pensate e non sentite, ma le azioni in cui l'uomo opera come sente nel suo più intimo essere; là dove egli, arrivi o no ad averne coscienza in un sistema chiaro e bene organato di idee, è quello che è: quello che l'uomo nella sua singolare e inconfondibile individualità si manifesta e si fa conoscere non per quel che dice ma per il modo in cui lo dice, non pel contenuto delle sue parole ma pel colore che esse hanno sulla sua bocca, per l'accento con cui la sua anima vi suona dentro. Stile, essenza della poesia d'ogni uomo. Sicché, infine, a parlare degnamente della filosofia del Leopardi, non bisogna ridursi alla parte del cameriere. Conviene guardare il Poeta negli occhi, dove la pupilla trema della commozione segreta: ascoltare il suo canto, dove la sua filosofia è la sua stessa poesia.

INDICE